基金
投资指南

个人财富进阶之路

陈金强◎著

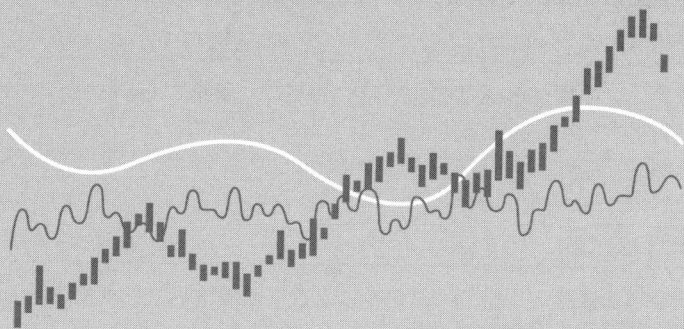

中国铁道出版社有限公司

CHINA RAILWAY PUBLISHING HOUSE CO., LTD.

图书在版编目（CIP）数据

基金投资指南：个人财富进阶之路/陈金强著.—北京：中国铁道
出版社有限公司，2022.9
ISBN 978-7-113-29158-7

Ⅰ.①基… Ⅱ.①陈… Ⅲ.①基金-投资-指南 Ⅳ.①F830.59-62

中国版本图书馆CIP数据核字（2022）第091156号

书　　名：**基金投资指南：个人财富进阶之路**
　　　　　JIJIN TOUZI ZHINAN：GEREN CAIFU JINJIE ZHI LU
作　　者：陈金强

责任编辑：张亚慧　　　编辑部电话：（010）51873035　　　邮箱：lampard@vip.163.com
编辑助理：张　明
封面设计：宿　萌
责任校对：孙　玫
责任印制：赵星辰

出版发行：中国铁道出版社有限公司（100054，北京市西城区右安门西街8号）
印　　刷：三河市宏盛印务有限公司
版　　次：2022年9月第1版　2022年9月第1次印刷
开　　本：700 mm×1 000 mm　1/16　印张：10.25　字数：134千
书　　号：ISBN 978-7-113-29158-7
定　　价：69.00元

前　言

　　我问过很多人同一个问题，你知道吴晓波写的第一本书叫什么名字吗？我又问，你知道吴晓波写的第二本书吗？大部分人还是不知道，但是当我说起《大败局》《激荡三十年》，很多人就知道了。我常常用这样一种调侃的方法来激励自己，虽然和中国最厉害的财经作家对比，这种感觉有点儿狂。作为普通人，只要在正确的方向上努力了，积累到足够的厚度，还是能够创造出伟大的作品的。

　　我的第一本书《股市投资进阶：基本面分析的40个财务指标》，上市一年多以来，既收到了读者好评，也收到了读者差评，但是无论如何，我还是想要去创作内容，让更多的人因为我创作的内容变得更好，那才是我真正的价值所在。

　　尽管一开始，我为数不多的作品，质量没有那么高，但是只要不断精进，作品质量会越来越好，人生也会越走越远。

　　这是一个创作者的时代，也是一个表达者的时代，写作和演讲能力应该是每一个人的标配。职场或者当代社会，最重要的是表达能力，因为在未来社会，最重要的资产就是影响力，影响力是怎样构成的呢？有两个能力：一个是写作，另一个是演讲。

　　同时这也是一个兴趣爱好者的时代、个性化的时代，如果你有一定的兴趣爱好或者专长，如跳舞、唱歌、写作等，靠某一项爱好赚到钱并不是多么难的事，在互联网时代，奇迹每天都在发生。

　　本书基本上把市场上常见的基金都涵盖了进去，包括货币基金、债券基金、股票基金、指数基金等，基金品类和其他品类相比，有什么优势呢？以股票为例，股票的专业性更强一些，风险更大，基金由于是专家理财，相比于股票，风险更小一些。与房子相比，房子需要的资金量更大，且流动性较差，但是基金可以随时交易。

　　巴菲特也推荐基金，而且是指数基金，巴菲特说："通过定期投资指数基金，一个什么都不懂的业余投资者，往往能够战胜大部分专业投资者。"所以，基金投资是大有可为的，当然只有亲身实践，才会明白他说的到底对不对，在本书中，我给大家介绍了微信理财通和支付宝蚂蚁财富，大家用每天接触到的软件就可以轻松投资。

投资必须明白一个词——复利，这个复利不是用在计算利息上，而是用在投资，用在人生的选择上。有些选择，能让你的时间产生复利效应，例如，如果你每天都在重复练习钢琴，你可能成为钢琴家；如果你每天练1 000字，可能10年后，你就是书法家。

投资也是如此，投资技能不是一蹴而就的，是需要每天去训练的，基金投资更是如此，随着经年累月的积累，长期坚持投资基金会散发出你想象不到的光芒。

基金投资的好处非常多，比如你想投资黄金，可以买相关主题的基金；如果你想投资股票，可以买行业基金或者指数基金；甚至你想买石油、期货等，都可以通过基金这个品类实现。

同时，当你年龄到了40岁，你的体力、精力都不如年轻的时候，职业面临瓶颈和天花板，但是因为你早年投资的积累，这个时候反而是你本金和经验最丰富的时候，投资之路才刚刚开始。查理·芒格说过，40岁之前无价值投资。也就是说，40岁，价值投资才刚刚开始，巴菲特的资产主要是50岁以后积累起来的。分属于不同的赛道，可能最后人生的结果会产生较大的差异。

人生不要怕走弯路，没有人是顺风顺水的，失败者和成功者的区别可能就是失败者跌倒了爬不起来，而成功者跌倒了又爬起来了。投资也是一样，需要保持内心的宁静与坚毅，不断地小成本试错。

每一个人都应该有一个大的目标，也就是梦想，然后由一些小的目标去实践，慢慢地去达成自己大的目标，成功的唯一路径就是永不放弃，就是不断地聚焦，普通人和高手的唯一区别就是高手锁定一件事情做一辈子，一条道走到黑。投资更是如此，投资会走弯路，但是当找到属于自己的操作系统后，要不断地优化自己的投资体系，不断地聚焦，一个行业研究不透彻，绝不进入第二个行业，不断地优化自己的能力圈，直到成为一个行业的专家，直到大家一想到这个行业，就能想到你，你这时已成为这个行业的标签。

这是所有普通人的成功之道。

作　者

2022年5月

| 目　　录 |

第 1 章

基金基础知识

➤ 什么是基金

➤ 基金相关概念

➤ 基金信息获取

➤ 基金的运作模式

➤ 基金的分类

1.1 什么是基金

基金是指基金发行人通过发售基金份额，将投资者分散的资金集中在一起，形成基金资产，然后将这些资产交由基金托管人，由基金管理人负责管理，以投资组合的方式进行证券投资。基金发行人通常是基金公司，基金托管人通常是银行，基金管理人通常是指基金经理。

投资者想要投资基金，唯一的方式就是购买基金发行份额。很多投资者可能担心基金被募集以后会出现资金挪用，其实投资者大可不必担心，基金最终募集到的资金在法律上是独立的，投资基金由基金发行人选定的基金托管人员负责保管，具体的投资操作由基金经理进行操作，有专业的行业研究人员，还有权威的银行进行担保，基金就是系统化的操作。所以，投资者根本不用担心自己的资产安全。

投资者在购买基金时会与基金公司签订基金购买合同，基金合同会对基金管理人、基金托管人、基金投资者三者的权利、义务做出详细的规定。基金公司在发售基金份额时，会向投资者提供一份招募说明书，主要用于说明基金从募集到运作的详细过程，包括投资策略、基金运作费用等。

投资基金和投资股票、债券等不同，虽然基金本身仍以股票和债券等投资品作为主要投资对象，但是它是一种直接投资工具，投资者对基金的投资，表现为通过购买基金份额的方式间接进行证券投资。

基金刚出来时，投资门槛非常高，手续也很繁杂，能购买基金的人很少。但是经过这么多年的发展，特别是随着进入移动互联网时代，购买基金越来越方便，用微信或者支付宝等常用的手机软件，一键就能购买。

基金最大的特点是间接投资，投资者不需要直接购买股票或者债券等投资品，只需买入基金份额，就等于购买了这些投资品种。而且投资者买入基金份额所享受的权利与直接投资股票或者债券几乎相同；基金最大的优点就是有专业人士帮助投资者进行更加科学理性的投资。

基金在发展过程中形成了以下五大特点。

1. 集合投资、专业运作

基金其实就是把闲散的资金聚拢到一块儿，委托基金管理人进行管理、投资和运作，表现出集合投资的特点。当基金达到一定的规模，就会出现自己的规模优势，最大限度地降低投资成本。基金管理人拥有庞大的投研团队，遍及各行各业，还有独特的信息渠道和调研优势，能够比大多数散户投资者更快地把握市场变化，所以，投资者把资金交给基金管理人，可以享受到专业化的服务。

2. 组合投资，分散风险

基金管理人在投资过程中，为了分散风险，会选择不同的投资标的，构建一个组合，因为监管层对基金管理有着明确的规定。通过构建一定的投资组合，可以有效地分散单一投资所带来的风险。普通投资者投资能力有限，做不到同时购买不同行业的股票来分散风险。而在基金投资过程中，基金管理人会持有几十只甚至上百只股票同时进行操作，这种组合投资可以有效地分散风险。

3. 利益共享，风险共担

基金实行利益共享、风险共担的原则，投资者是基金资产的所有者。基金投资收益在扣除费用后的剩余部分全部归基金投资者所有，基金管理人和基金托管人只能按照事先规定收取一定比例的管理费和托管费，不能参与基金收益的最终分配。

4. 严格监管，信息透明

为了保护投资者的利益，增强投资者对基金投资的信心，基金监管机构对基金行业实行严格的监管，对各种损害投资者的行为进行严厉打击，并强制要求基金公司及时准确充分地披露信息。

5. 独立托管，保障安全

基金管理人只负责基金的投资操作，并不参与基金资产的管理。基金资产的保管由独立的基金托管人负责，通常是由各大商业银行作为基金托管人，负责保管和监管基金管理人的行为。

1.2 基金相关概念

（1）基金发起人：是指发起设立基金的机构，它在基金的设立过程中起着重要作用。国外基金的发起人很多为有实力的金融机构，可以是一个或者多个。在我国，基金发起人通常也是基金管理人，即基金公司。

（2）基金托管：基金托管人一般是指商业银行，其内容包括基金资产构成、托管期限和方式、基金组织和基金托管人的各种职责、权益和托管费用。

（3）基金资产总值：包括基金购买的各类证券价值、银行存款利息、应收申购款及以其他资产等形式存在的基金资产的价值总和。

（4）基金价格：主要分为封闭式基金价格和开放式基金价格。封闭式基金的价格包括一级市场的发行价格和二级市场的交易价格。基金的发行价格是指基金发行时由基金发行人确定的向基金投资人销售基金份额的价格。开放式基金的价格是指基金持有人向基金公司申购或者赎回基金份额的价格，以基金份额资产净值为基础，并加一定的手续费进行计算。

（5）基金年度运作费：主要包括管理费、托管费、证券交易费和其他费用等，这些费用从基金资产中直接扣除。

1.3 基金信息获取

想要获取基金的相关信息已经非常方便，特别是随着互联网的发展，包括基金产品、基金费用及基金申购相关的信息，都可以通过互联网查询得到。在互联网上获取基金信息的三大渠道，分别是财经门户网站及App、基金公司官方网站和股票行情软件。

1. 财经门户网站及App

目前国内财经门户网站及App中，影响力较大的有天天基金网、和讯网、凤凰财经及新浪财经、微信理财通、支付宝蚂蚁聚宝等，不同的财经门户网站拥有其独特的竞争优势。天天基金网几乎涵盖了所有的基金信息（见下图）。

从上图中可以看出，天天基金网的功能很完善，包括基金净值、净值估算、定投排行、基金资讯、基金研究等。

2. 基金公司官方网站

基金公司既是基金产品的发起人，也是基金产品的管理者。在这些基金公司的官方网站上公布了真实、具体的基金信息，投资者要了解第一手的基金信息，可以到基金公司官网上去寻找。下图所示为易方达基金全部基金分类示意图，通过基金分类，投资者可以查看所有类型的基金，并可以进入某一只基金的详情页面进行具体了解。

3. 股票行情软件

对于可以上市交易的基金，比如ETF基金、LOF基金和封闭式基金，为了更方便地查看基金价格的走势，可以在股票行情软件中进行查看。下图所示为消费ETF（510630）一段时间内的行情走势，股票行情软件除了可以用于查看基金价格的走势外，还可以查看相关资料，如基金的规模、基金档案等。

1.4　基金的运作模式

基金的运作模式基本由三个市场参与主体组成，基金持有人也就是基金投资者，基金管理人也就是基金公司，基金托管人一般是银行。基金的销售和监管，分别由基金销售公司和证监会、中国人民银行、基金业协会等组织进行。

1.4.1 基金当事人

1. 基金份额持有人

基金份额持有人是基金的投资者，也是基金资产的所有者。基金份额持有人一般享有以下权利：分享基金财产收益，参与分配清算后的剩余资产，依法转让或者赎回基金份额，按规定召开基金份额持有人大会，查阅或者复制公开披露的基金信息，对基金管理人、基金托管人及基金销售机构损害其合法权益的行为提起诉讼。

2. 基金管理人

基金管理人是基金产品的发起人和管理者，主要职责是按照基金合同的约定，对基金资产进行投资运作，在风险可控的情况下为基金投资者创造最大的投资收益，基金管理人在基金运作中具有核心作用，基金产品的设计、基金份额的销售及资产的管理等重要职责大部分由基金管理人承担。我国的基金管理人，只能由依法成立的基金管理公司担任。

具体职责如下：

（1）依法募集资金，办理或者委托经国务院证券监督管理机构认定的其他机构代为办理基金份额的发售、申购、赎回和登记事项；

（2）办理基金备案手续；

（3）对所管理的不同基金财产分别管理和记账，进行证券投资；

（4）按照基金合同的约定确定基金收益分配方案，及时向基金份额持有人分配投资收益；

（5）进行基金会计核算并编制基金财务会计报告；

（6）编制中期和年度基金报告；

（7）计算并公告基金资产净值，确定基金份额申购和赎回价格；

（8）办理与基金财产管理业务活动有关的信息披露事项；

（9）召集基金份额持有人大会；

（10）保存基金财产管理业务活动的记录、账册、报表和其他相关资料；

（11）以基金管理人的名义，代表基金份额持有人利益行使诉讼权利或者实施其他法律行为。

3. 基金托管人

基金托管人是为了保证基金资产的安全而存在的。基金资产必须由独立于基金管理人的基金托管人保管，从而使基金托管人成为基金的当事人之一。基金托管人的职责主要体现在基金资产保管、基金资产清算、会计复核及对基金投资运作的监管等方面，我国的基金托管人都是取得托管资格的商业银行，一般会专门设立基金托管部，配备专门的人员和设施，所有有关基金的收入、费用和分红等事宜也都由基金托管人进行监督和复核，基金资产不会受到损失，投资者可以放心投资。

具体职责如下：

（1）安全保管基金的全部资产；

（2）执行基金管理人的投资指令，并负责交割基金名下的资金；

（3）监督基金管理人的投资运作，当基金管理人的投资指令违法违规时，不予执行，并向证监会报告；

（4）保存基金的会计账册和记录15年以上；

（5）出具基金业绩报告，提供基金托管情况，并定期向中国证监会和中国人民银行报告。

1.4.2　基金市场服务机构

基金销售机构：当前我国可以从事基金销售的机构主要有商业银行、证券公司、证券投资咨询机构和独立基金销售机构。

基金注册登记机构：该类机构是指办理基金份额的登记过户、存管和结算业务的机构。基金注册登记机构可以办理投资人基金账户建立和管理、基金份额注册登记、基金销售业务的确认、清算和结算、代理发放红利、建立并保管基金持有人名册等业务。

律师事务所和会计师事务所：两者作为专业、独立的中介服务机构，为基金提供法律及会计上的服务。

基金投资咨询和基金评级机构：基金投资咨询机构是向基金投资者提供基金投资咨询建议的中介机构，基金评级机构是为投资者提供基金评级服务、基金资料和数据服务的机构。

1.4.3　基金监管和基金自律组织

基金管理人管理着巨额资金的投资和运作，这笔资金足以影响市场上任何一只股票的走势，如果没有监管，基金管理中像老鼠仓的问题就会泛滥。基金监管机构和自律组织，可以督促基金管理人，保护投资者利益不受损害。主要的监管机构是证监会和中国人民银行。基金行业自律组织是由基金管理人、基金托管人或者基金销售机构等组织共同成立的协会，如中国基金业协会。协会成立的目的在于促进同业交流、提高从业人员素质、加强行业自律管理。

1.5　基金的分类

1.5.1　按运作方式不同分类

按照运作方式的不同，可以把基金分为开放式基金和封闭式基金。

1. 开放式基金

开放式基金是指基金份额不固定，基金份额可以在基金合同约定的时间和场所内进行申购和赎回的一种基金运作方式。开放式基金是市场的主流，当前开放式基金的数量达到7 500多只。

不同的开放式基金都有自己的交易代码，交易代码体现了基金类型，投资者同时也可以通过基金简称来判断基金类型，有一些关键词能体现基金的类型，如广发沪深300指数增强A，就是专门跟踪沪深300指数而成立的基金。

2. 封闭式基金

封闭式基金是指基金份额在基金合同期限内保持不变，基金份额可以在依法设立的证券交易所内竞价交易，但是基金份额持有人不能在期限内申请赎回的一种基金运作方式。即封闭式基金只能转让，不能赎回。

封闭式基金的份额固定，不存在赎回压力。基金经理完全可以根据事先指定的投资计划进行投资，不用担心被赎回，所以，可以不留现金资产，可以将更多的资产投资于证券中，这有利于基金的长期投资业绩。虽然目前市场上的封闭式基金并不是很多，但是由于其独特的模式，仍然受到市场的追捧。

1.5.2　按照投资对象的不同进行分类

按照投资对象的不同，可以将基金分为股票型基金、债券型基金、货币型基金和混合型基金等。

1. 股票型基金

股票型基金，顾名思义是以股票为投资对象的基金，股票型基金在各类基金中的历史最为悠久，也是在各个国家都存在的一种基金形式。根据《证券投资基金运作管理办法》中的规定，基金资产60%以上投资于股票的基金为股票型基金。

截至2021年2月10日，股票型基金自成立以来，收益率排名前十位的是兴全全球视野股票（340006）、银华−道琼斯88指数（180003）、易方达上证50增强A（110003）、融通深证100指数A（161604）、申万菱信沪深300指数增强A（310318）、融通巨潮100指数A（LOF）（161607）、华宝多策略增长A（240005）、华安中国A股增强指数（040002）、长城久泰沪深300指数A（200002）、博时沪深300指数A（050002），见下图。

序号	基金代码	基金简称	日期	单位净值	累计净值	日增长率	近1周	近1月	近3月	近6月	近1年	近2年	近3年	今年来	成立来	自定义	手续费
1	340006	兴全全球视野	02-10	3.2249	5.9709	0.79%	1.21%	4.86%	15.74%	17.41%	46.24%	144.05%	112.89%	10.79%	1115.26%	45.15%	0.15%
2	180003	银华-道琼斯	02-10	2.1444	4.1829	2.90%	7.03%	12.14%	35.32%	47.49%	92.34%	135.17%	107.42%	18.99%	936.86%	89.27%	0.15%
3	110003	易方达上证5	02-10	2.9179	4.8679	2.21%	7.60%	8.47%	27.02%	36.48%	72.26%	123.99%	112.53%	14.31%	830.34%	70.95%	0.15%
4	161604	融通深证10	02-10	2.1950	3.8180	2.62%	6.30%	6.98%	21.17%	30.98%	69.66%	139.96%	89.13%	14.91%	689.10%	67.47%	0.15%
5	310318	申万菱信沪深	02-10	4.0102	4.8027	1.85%	5.11%	5.36%	18.08%	21.61%	59.38%	102.29%	79.20%	11.21%	686.36%	57.41%	0.12%
6	161607	融通巨潮10	02-10	1.6520	3.6270	2.42%	7.20%	8.87%	24.02%	36.97%	70.28%	112.88%	89.33%	15.30%	674.83%	69.05%	0.15%
7	240005	华宝多策略增	02-10	0.5877	4.9720	0.39%	2.17%	0.58%	1.70%	6.56%	29.36%	72.73%	45.84%	1.71%	661.83%	28.95%	0.15%
8	040005	华安中国A股	02-10	1.0900	5.1740	1.68%	4.81%	5.01%	13.38%	18.18%	49.24%	86.15%	57.07%	8.57%	652.68%	47.44%	0.15%
9	200005	长城久泰沪深	02-10	2.8066	5.6666	1.75%	5.77%	6.56%	19.05%	25.46%	54.70%	93.33%	71.52%	12.11%	636.43%	52.71%	0.15%
10	050002	博时沪深30	02-10	2.2342	4.2681	2.21%	6.28%	7.03%	19.02%	24.74%	51.84%	83.04%	60.64%	12.99%	635.49%	50.42%	0.15%

2. 债券型基金

债券型基金主要是以债券为投资对象，根据《证券投资基金运作管理办法》的分类标准，基金资产80%以上投资于债券的基金为债券型基金。截至2021年2月10日，自债券型基金成立以来，排名前十位的债券型基金为：南方宝元债券A（202101）、中信保诚稳鸿A（006011）、银河收益混合（151002）、长盛全债指数增强债券（510080）、富国天利增长债券（100018）、永赢双利债券A（002521）、博时信用债券A/B（050011）、易方达安心回报债券A(110027)、博时信用债券C(050111)、易方达安心回报债券B(110028)，见下图。

序号	基金代码	基金简称	日期	单位净值	累计净值	日增长率	近1周	近1月	近3月	近6月	近1年	近2年	近3年	今年来	成立来	自定义	手续费
1	202101	南方宝元债券	02-10	2.5688	4.0288	0.24%	0.99%	1.71%	4.90%	7.38%	15.90%	32.66%	33.07%	3.03%	621.39%	15.77%	0.08%
2	006011	中信保诚稳鸿	02-10	5.5282	6.8837	0.04%	0.09%	0.09%	0.27%	0.94%	0.94%	5.69%	---	0.18%	588.96%	0.91%	0.08%
3	151002	银河收益混合	02-10	1.8183	3.4483	0.63%	1.20%	0.32%	4.26%	6.94%	21.92%	31.93%	35.41%	2.28%	503.43%	20.69%	0.15%
4	510080	长盛全债指数	02-10	1.4078	2.7173	0.92%	2.13%	0.84%	4.22%	5.07%	13.61%	28.08%	28.02%	3.11%	313.07%	12.69%	0.10%
5	100018	富国天利增长	02-10	1.2989	2.6419	0.09%	0.04%	-0.29%	-0.30%	0.08%	2.46%	9.82%	18.99%	-0.14%	291.35%	2.25%	0.12%
6	002521	永赢双利债券	02-10	1.2861	3.1361	0.02%	0.61%	1.58%	3.09%	4.99%	9.70%	25.47%	28.85%	2.20%	272.29%	9.33%	0.08%
7	050011	博时信用债券	02-10	3.3610	3.4760	1.54%	4.22%	1.63%	10.09%	15.14%	25.97%	44.81%	56.25%	6.50%	269.04%	21.82%	0.08%
8	110027	易方达安心回	02-10	2.1060	3.0270	0.72%	1.74%	1.84%	7.23%	9.40%	18.18%	37.34%	38.50%	4.52%	264.95%	17.00%	0.08%
9	050111	博时信用债券	02-10	3.2670	3.3640	1.55%	4.21%	1.62%	10.00%	14.91%	25.51%	43.79%	54.69%	6.45%	253.77%	21.40%	0.00%
10	110028	易方达安心回	02-10	2.0720	2.9610	0.73%	1.77%	1.82%	7.19%	9.23%	17.73%	36.19%	37.20%	4.49%	253.55%	16.60%	0.00%

3. 货币型基金

货币型基金是以货币市场工具为投资对象，根据中国证监会对基金类别的分类标准，仅投资于货币市场的基金称为货币型基金。截至2021年2月10日，自货币型基金成立以来，排名前十位的货币型基金为：华夏现金增利货币A/E（003003）、南方现金增利货币A（202301）、博时现金收益货币A（050003）、嘉实货币A（070008）、长信利息收益货币A（519999）、华夏货币A（288101）、招商现金增值货币A（217004）、华安现金富利货币A（040003）、海富通货币A（519505）、泰信天天收益货币A（290001），见下图。

序号	基金代码	基金简称	日期	万份收益	年化收益率			净值	近1月	近3月	近6月	近1年	近2年	近3年	近5年	今年来	成立来	手续费率
					7日	14日	28日											
1	003003	华夏现金增利货币	02-12	0.6372	2.3230%	2.48%	2.82%	—	0.23%	0.59%	1.07%	1.96%	4.58%	8.43%	15.23%	0.30%	69.78%	0费率
2	202301	南方现金增利货币	02-12	0.6323	2.3270%	2.42%	2.35%	—	0.20%	0.61%	1.12%	1.97%	4.42%	8.03%	15.02%	0.27%	69.41%	0费率
3	050003	博时现金收益货币	02-13	0.6527	2.4220%	2.45%	2.41%	—	0.20%	0.58%	1.06%	1.96%	4.39%	7.90%	14.48%	0.27%	67.30%	0费率
4	070008	嘉实货币A	02-17	0.5953	2.1970%	2.21%	2.40%	—	0.20%	0.56%	1.02%	1.92%	4.47%	8.12%	15.12%	0.26%	65.73%	0费率
5	519999	长信利息收益货币	02-10	0.6336	2.4010%	2.39%	2.42%	—	0.20%	0.61%	1.13%	2.06%	4.50%	7.71%	14.88%	0.27%	65.48%	0费率
6	288101	华夏货币A	02-10	0.5555	2.0740%	2.54%	2.06%	—	0.17%	0.54%	1.00%	1.84%	4.36%	8.16%	15.28%	0.25%	65.42%	0费率
7	217004	招商现金增值货币	02-10	0.6346	2.3680%	2.51%	2.32%	—	0.19%	0.54%	1.03%	1.76%	4.16%	7.67%	14.81%	0.25%	63.86%	0费率
8	040003	华安现金富利货币	02-10	0.6244	2.3550%	2.33%	2.24%	—	0.19%	0.56%	1.03%	1.76%	3.99%	7.09%	13.96%	0.25%	63.43%	0费率
9	519505	海富通货币A	02-10	0.5718	2.0660%	1.87%	1.89%	—	0.16%	0.53%	1.00%	1.83%	4.23%	7.65%	14.63%	0.22%	63.32%	0费率
10	290001	泰信天天收益货币	02-10	0.6304	2.2210%	2.23%	2.27%	—	0.19%	0.60%	1.10%	1.80%	3.94%	7.08%	13.67%	0.26%	61.20%	0费率

4. 混合型基金

混合型基金是同时以股票、债券等为投资对象，但是股票和债券投资的比例不符合股票型基金和债券型基金规定的基金。截至2021年2月10日，自混合型基金成立以来，排名前十位的混合型基金为：先锋量化优选混合A（006401）、华夏大盘精选混合（000011）、嘉实增长混合（070002）、景顺长城内需增长混合（260104）、华宝宝康消费品（240001）、银华价值优选混合（519001）、易方达科翔混合（110013）、易方达中小盘混合（110011）、兴全趋势投资混合（LOF）（163402）、嘉实服务增值行业混合（070006），见下图。

序号	基金代码	基金简称	期间涨幅	期间分红(元/份)	分红次数	起始日期	单位净值	累计净值	终止日期	单位净值	累计净值	成立日期	手续费
1	006401	先锋量化优选混合	35.09%	---	0	2020-02-17	1.1444	53.4874	2021-02-10	1.5460	72.2576	2019-05-15	0.15%
2	000011	华夏大盘精选混合	69.90%	1.8640	2	2020-02-17	14.1640	19.1040	2021-02-10	21.8910	28.6950	2004-08-11	0.15%
3	070002	嘉实增长混合	66.47%	0.0100	1	2020-02-17	14.3020	14.9630	2021-02-10	23.7970	24.4680	2003-07-09	0.15%
4	260104	景顺长城内需增长混合	128.40%	0.0100	1	2020-02-17	7.2230	9.0890	2021-02-10	16.4860	18.3620	2004-06-25	0.15%
5	240001	华宝宝康消费品	49.02%	0.1000	1	2020-02-17	3.2220	9.1308	2021-02-10	4.6895	13.0304	2003-07-15	0.12%
6	519001	银华价值优选混合	54.23%	---	0	2020-02-17	2.4627	8.1809	2021-02-10	3.7981	12.4977	2005-09-27	0.15%
7	110013	易方达科翔混合	58.49%	0.2800	2	2020-02-17	3.5540	9.1040	2021-02-10	5.3220	11.8480	2008-11-13	0.15%
8	110011	易方达中小盘混合	115.85%	---	0	2020-02-17	4.9751	5.8651	2021-02-10	10.7389	11.6289	2008-06-19	0.15%
9	163402	兴全趋势投资混合	48.88%	0.0820	1	2020-02-17	0.7983	10.0804	2021-02-10	1.0910	11.5769	2005-11-03	0.15%
10	070006	嘉实服务增值行业混合	76.88%	0.0100	1	2020-02-17	5.8730	6.4030	2021-02-10	10.3770	10.9170	2004-04-01	0.15%

1.5.3　按照募集方式的不同

根据募集方式的不同,可以将基金分为公募基金和私募基金两类。

1. 公募基金

公募基金是指可以面向社会公众公开发售的一类基金。主要有以下特征:可以面向社会公众公开发售基金份额和宣传推广,基金募集对象不固定;投资金额要求低,适宜中小投资者参与;必须遵守基金法律和法规的约束,并接受监管部门的严格监管。本书介绍的所有基金都属于公募基金,所有的投资者都可以参与,门槛较低。

2. 私募基金

私募基金是指采取非公开方式,面向特定投资者募集发售的基金,与公募基金相比,私募基金不能进行公开发售和宣传推广,投资金额高,投资者的人数和资格受到严格的限制。与公募基金相比,私募基金所受的限制和约束较少,它既可以投资于衍生金融产品进行买空和卖空交易,也可以进行汇率、商品期货投机交易。比较知名的私募网站是私募排排网,大家可以登录查看相关信息。

根据《私募投资基金募集行为管理办法》的规定，私募排排网只对"具有相应风险识别能力和风险承担能力，投资于单只私募基金的金额不低于100万元，且个人金融类资产不低于300万元或者最近三年个人年均收入不低于50万元"的特定投资者宣传、推介相关私募投资基金产品。

1.5.4　特殊型基金

特殊型基金在市场上也较为多见，但是由于类型较为特殊，无法分类，所以归为特殊型基金。

1. 伞型基金

伞型基金（Umbrella Fund），实际上就是开放式基金的一种组织结构。在这一组织结构下，基金发起人根据一份总的基金招募书发起设立多只相互之间可以根据规定程序进行转换的基金，这些基金称为子基金或成分基金（Sub-funds）。而由这些子基金共同构成的这一基金体系合称为伞型基金。进一步说，伞型基金不是一只具体的基金，而是同一基金发起人对由其发起、管理的多只基金的一种经营管理方式，因此，通常认为"伞型结构"（Umbrella Structure）的提法可能更为恰当。它由价值优化型成长类、周期类、稳定类三只基金组成；而单一基金的组织结构较为简单，单独拥有一个基金契约。

2. FOF基金

FOF基金（Fund of Funds）是一种专门投资于其他投资基金的基金。FOF并不直接投资股票或债券，其投资范围仅限于其他基金，通过持有其他证券投资基金而间接持有股票、债券等证券资产，它是结合基金产品创新和销售渠道创新的基金新品种。一方面，FOF将多只基金捆绑在一起，投资FOF等于同时投资多只基金，但比分别投资的成本大大降低了；另一方面，与基金超市和基金捆绑销售等纯销售计划不同的是，FOF完全采用基金的形式，按照基金的运作模式进行操作；FOF中包含对基金市场的长期投资策略，与其他基金一样，是一种可长期投资的金融工具，相关举例见下图。

序号	基金代码	基金简称	日期	单位净值	累计净值	日增长率	近1周	近1月	近3月	近6月	近1年	近2年	近3年	今年来	成立来
1	005809	前海开源裕源	02-09	1.7887	1.7887	1.97%	1.32%	1.98%	9.77%	6.69%	30.31%	73.95%	—	6.90%	78.87%
2	005220	海富通聚优精	02-09	1.7681	1.7681	2.13%	2.63%	5.31%	14.92%	20.12%	58.01%	111.02%	89.43%	10.34%	76.81%
3	007059	汇添富养老2	02-08	1.7569	1.7569	1.30%	3.48%	5.68%	15.34%	19.70%	53.98%	—	—	9.60%	75.69%
4	007060	汇添富养老2	02-08	1.7473	1.7473	1.36%	3.69%	5.92%	15.65%	20.37%	54.36%	—	—	9.76%	74.73%
5	006620	华夏养老20	02-08	1.7468	1.7468	1.44%	1.92%	-0.30%	13.94%	14.82%	49.29%	—	—	4.88%	74.68%
6	006621	华夏养老20	02-08	1.7341	1.7341	1.44%	1.92%	-0.33%	13.82%	14.58%	48.70%	—	—	4.83%	73.41%
7	008461	平安盈丰三个	02-08	1.6443	1.6443	1.51%	4.27%	5.58%	17.91%	19.58%	64.33%	—	—	9.77%	64.43%
8	006763	汇添富养老2	02-08	1.6441	1.6441	1.27%	3.77%	5.97%	18.28%	22.92%	46.95%	63.35%	—	9.86%	64.41%
9	006290	南方养老20	02-08	1.6413	1.6413	1.14%	1.98%	2.41%	10.55%	18.10%	40.97%	62.01%	—	5.52%	64.13%
10	008462	平安盈丰三个	02-08	1.6351	1.6351	1.50%	4.06%	5.54%	17.76%	19.27%	63.51%	—	—	9.71%	63.51%

3. ETF与ETF连接基金

交易型开放式指数基金，通常又被称为交易所交易基金（Exchange Traded Fund，ETF），是一种在交易所上市交易的、基金份额可变的开放式基金。

交易型开放式指数基金属于开放式基金的一种特殊类型，它结合了封闭式基金和开放式基金的运作特点，投资者既可以向基金管理公司申购或赎回基金份额，又可以像封闭式基金一样在二级市场上按市场价格买卖ETF份额。但是，申购赎回必须以一篮子股票换取基金份额或者以基金份额换回一篮子股票。

由于同时存在二级市场交易和申购赎回机制，投资者可以在ETF市场价格与基金单位净值之间存在差价时进行套利交易。套利机制的存在，使得ETF

避免了封闭式基金普遍存在的折价问题。

根据投资方法的不同，ETF可分为指数基金和积极管理型基金，目前国内推出的ETF是指数基金。ETF指数基金代表一篮子股票的所有权，是指像股票一样在证券交易所交易的指数基金，其交易价格、基金份额净值走势与所跟踪的指数基本一致。因此，投资者买卖一只ETF，就等同于买卖了它所跟踪的指数，可取得与该指数基本一致的收益。通常采用完全被动式的管理方法，以拟合某一指数为目标，兼具股票和指数基金的特色，相关举例见下图。

序号	基金代码	基金簡称	类型	日期	单位净值	累计净值	近1周	近1月	近3月	近6月	近1年	近2年	近3年	今年来	成立来	成立日期
1	159901	易方达深证100ETF	ETF-场内	02-10	9.0774	8.7328	6.51%	7.27%	22.41%	32.75%	74.17%	150.67%	97.13%	15.67%	787.90%	2006-03-24
2	510630	华夏消费ETF	ETF-场内	02-10	6.7289	6.7289	8.86%	6.88%	30.93%	42.08%	129.51%	215.53%	207.06%	14.84%	572.89%	2013-03-28
3	510050	华夏上证50ETF	ETF-场内	02-10	4.0180	5.4020	6.69%	6.27%	17.53%	22.29%	43.46%	66.26%	50.46%	10.54%	527.84%	2004-12-30
4	512600	嘉实中证主要消费ETF	ETF-场内	02-10	6.0596	6.0596	9.34%	7.26%	30.27%	42.20%	111.00%	204.85%	172.94%	16.35%	505.72%	2014-08-13
5	159928	汇添富中证主要消费ETF	ETF-场内	02-10	6.0371	6.0371	9.36%	6.75%	27.83%	37.42%	106.60%	201.96%	175.73%	15.75%	504.25%	2013-08-23
6	159902	华夏中小板ETF	ETF-场内	02-10	5.3230	5.4430	5.22%	4.64%	15.22%	19.11%	53.98%	117.53%	62.39%	13.13%	458.77%	2006-06-08
7	510180	华安上证180ETF	ETF-场内	02-10	4.6705	4.8934	5.51%	4.76%	15.96%	19.69%	42.25%	65.16%	47.46%	9.23%	433.97%	2006-04-13
8	513100	国泰纳斯达克100ETF	QDII-ETF	02-09	4.5450	4.5450	1.45%	4.15%	12.84%	14.11%	33.48%	88.67%	113.08%	4.99%	354.50%	2013-04-25
9	159915	易方达创业板ETF	ETF-场内	02-10	3.2957	3.7755	5.87%	8.28%	23.03%	24.70%	67.92%	170.23%	119.41%	14.98%	277.55%	2011-09-20
10	510150	招商上证消费80ETF	ETF-场内	02-10	11.4278	3.7663	7.69%	8.36%	28.66%	35.67%	104.09%	180.59%	140.89%	14.32%	276.63%	2010-12-08

4. LOF基金

LOF基金，上市型开放式基金（Listed Open-Ended Fund）。也就是上市型开放式基金发行结束后，投资者既可以在指定网点申购与赎回基金份额，也可以在交易所买卖该基金。

（1）上市型开放式基金本质上仍是开放式基金，基金份额总额不固定，基金份额可以在基金合同约定的时间和场所申购、赎回。

（2）上市开放式基金发售结合银行等代销机构与深交所交易网络两者的销售优势。银行等代销机构网点仍沿用现行的营业柜台销售方式，深圳证券交易所（以下简称"深交所"）交易系统则采用通行的新股上网定价发行方式。

（3）上市开放式基金获准在深交所上市交易后，投资者既可以选择在银行等代销机构按当日收市的基金份额净值申购、赎回基金份额，也可以选择在深交所各会员证券营业部按撮合成交价买卖基金份额，相关举例见下图。

序号	基金代码	基金简称	日期	单位净值	累计净值	日增长率	近1周	近1月	近3月	近6月	近1年	近2年	近3年	今年来	成立来	自定义	手续费
1	162605	景顺长城鼎益	02-10	3.8830	6.8240	3.49%	9.81%	10.91%	36.79%	57.56%	141.64%	251.04%	237.83%	18.08%	2808.30%	134.52%	0.15%
2	163402	兴全趋势投资	02-10	1.0910	11.5769	1.28%	3.18%	3.02%	16.56%	18.94%	53.68%	116.25%	98.61%	9.00%	2698.78%	48.88%	0.15%
3	161005	富国天惠成长	02-10	4.1490	7.0470	2.30%	6.74%	9.74%	21.29%	25.69%	78.39%	175.25%	135.36%	14.55%	2367.38%	70.34%	0.15%
4	160505	博时主题行业	02-10	2.1400	6.5540	2.59%	5.06%	9.75%	26.00%	30.89%	54.30%	106.69%	75.22%	16.58%	2183.19%	44.14%	0.15%
5	163801	中银中国混合	02-10	2.4838	5.4980	2.03%	4.71%	6.48%	17.51%	21.83%	72.42%	144.11%	135.18%	10.22%	1653.21%	64.39%	0.15%
6	162703	广发小盘成长	02-10	3.8643	6.4400	3.47%	5.76%	8.24%	22.17%	20.04%	71.63%	278.27%	218.54%	16.25%	1645.44%	60.21%	0.15%
7	163302	大摩资源优选	02-10	1.9193	5.2305	1.96%	5.49%	13.03%	28.87%	37.89%	94.74%	143.58%	95.27%	20.43%	1602.80%	90.17%	0.15%
8	161706	招商优质成长	02-10	4.0732	6.1686	1.51%	3.36%	5.95%	25.08%	30.27%	96.25%	237.92%	191.90%	16.38%	1415.85%	82.65%	0.15%
9	161903	万家行业优选	02-10	2.4411	5.8449	2.23%	3.16%	6.44%	13.89%	27.26%	67.11%	281.80%	266.23%	10.44%	1108.81%	56.28%	0.15%
10	160106	南方高增长混	02-10	1.6782	4.6042	1.80%	5.84%	7.37%	15.11%	11.76%	49.15%	143.50%	84.10%	11.94%	1050.91%	40.26%	0.15%

5. QDII基金

QDII（基金国内机构投资者赴海外投资资格认定制度，Qualified Domestic Institutional Investors）是指在一国境内设立，经该国有关部门批准从事境外证券市场的股票、债券等有价证券业务的证券投资基金。和QFII一样，它也是在货币没有实现完全可自由兑换、资本项目尚未开放的情况下，有限度地允许境内投资者投资境外证券市场的一项过渡性的制度安排，相关举例见下图。

序号	基金代码	基金简称	日期	单位净值	累计净值	日增长率	近1周	近1月	近3月	近6月	近1年	近2年	近3年	今年来	成立来
1	160213	国泰纳斯达克	02-09	5.3490	5.8490	-0.28%	1.42%	4.09%	13.06%	14.32%	33.62%	89.97%	114.75%	5.01%	543.55%
2	270023	广发全球精选	02-09	3.9530	4.3920	1.28%	1.62%	12.27%	30.08%	38.85%	126.27%	189.17%	155.72%	18.78%	424.86%
3	270042	广发纳斯达克	02-09	3.8869	4.1569	-0.30%	1.48%	4.46%	12.72%	14.00%	31.76%	86.34%	110.33%	5.27%	371.81%
4	100061	富国中国中小	02-09	3.1920	3.7270	0.79%	2.70%	10.18%	24.54%	30.29%	75.87%	103.67%	96.52%	17.14%	324.29%
5	040046	华安纳斯达克	02-09	3.9760	3.9760	-0.28%	1.40%	4.08%	12.89%	14.68%	37.01%	92.17%	117.03%	4.96%	297.60%
6	519696	交银环球精选	02-09	2.6870	3.3300	0.90%	1.47%	5.78%	17.86%	23.21%	33.12%	61.79%	68.06%	8.87%	292.45%
7	262001	景顺长城大中	02-09	2.8210	3.2420	2.03%	2.62%	11.50%	29.34%	30.36%	84.98%	129.86%	134.11%	18.88%	262.97%
8	519601	海富通中国海	02-09	2.7030	2.9730	2.35%	1.69%	9.12%	22.75%	7.95%	30.39%	66.24%	53.75%	14.78%	231.44%
9	006308	汇添富全球消	02-09	3.2489	3.2489	1.13%	4.95%	9.76%	26.62%	31.82%	110.95%	226.92%	—	16.16%	224.89%
10	001668	汇添富全球互	02-09	3.2170	3.2170	0.94%	2.65%	8.06%	19.10%	26.21%	66.51%	130.77%	138.47%	11.35%	222.99%

第 2 章

货币基金

➤ 货币基金的特点

➤ 货币基金的投资风险

➤ 如何选择货币基金

➤ 货币基金的投资技巧

2.1　货币基金的特点

货币基金又称为货币市场基金，是一种投资于货币市场短期有价证券的投资基金。货币基金的功能类似于银行活期存款，但是其收益又远高于银行活期存款。

20世纪的70年代初到80年代，美国处在经济衰退而通胀较高的"滞涨"时期。当时美联储对银行存款利率进行管制，居民存款利率低于通货膨胀率，存款一直处于贬值状态。银行为了吸引资金，推出利率高于通胀率的大额定期存单。然而这种定期存单起始金额较大，以十万美元或百万美元为最低投资单位。只有少数机构投资者才有足够的现金去做这样的投资。对大多数美国人来说，当时可以参与的金融投资品只有利息低得可怜的银行储蓄账户、股票和债券。因此，人们很自然地去寻找安全性好、流动性强的资产，但很多金融资产要么风险太大，缺乏流动性，要么收益太低，总之无法满足投资者的金融需求。

当时，曾是世界上最大养老基金"教师年金保险公司"现金管理部的主管兼信用分析师鲁斯·班特在对金融服务业做了周详的调查后，产生了一个天才的想法：他在1970年创立了一个命名为"储蓄基金公司"的共同基金，并于1971年获得美国证券与交易委员会认可，对公众销售金融产品。1972年10月，储蓄基金公司购买了30万美元的高利率定期储蓄，同时以1 000美元为投资单位出售给小额投资者。因此，小额投资者享有了大企业才能获得的投资回报率，同时拥有了更高的现金流动性，历史上第一个货币市场共同基金诞生了。

货币基金主要投资于短期货币工具，包括国库券、银行定期存单、政府短期债券、企业债券及商业票据等短期有价证券。

根据《货币市场基金管理暂行办法》的规定，我国货币型基金的投资范围包括现金，一年以内的银行定期存款、大额存单；剩余期限在三百九十七天以内（含三百九十七天）的债券；期限一年以内（含一年）的债券回购；期限一年以内（含一年）的中央银行票据；中国证监会、中国人民银行认可的其他具有良好流动性的货币市场工具。

货币基金的流动性好，安全性高，当然风险和收益通常是成正比的，风险低则意味着收益低。货币基金为投资者提供了一种能够替代银行中短期存款，并且安全稳定的投资方式。货币基金是所有基金中最简单、最易操作的投资品种，具有非常好的流动性，通常来说，拥有一定金额的短期闲置资金，并希望有稳定增值机会的投资者，都可以选择投资货币基金。

相比于其他类型的基金，货币基金具有以下特点：

（1）风险低。由于投资对象主要是一些期限较短、流动性较高的货币市场工具，并不断地滚动投资，因此，货币基金的收益总是能够迅速地跟上利率的最新变化，能够获得超过一定时期的定期存款的收益率。其投资组合承担的利率风险极低，在通货膨胀和短期利率上升的大背景下，表现并不亚于债券型基金。另外，货币型基金的发行人及市场的参与主体都是信用等级较高的金融机构或者政府部门，所以信用风险极低。

（2）流动性强。流动性就是可以随时进行变现，货币基金与其他类型的基金比，赎回的速度要快很多，甚至很多的货币基金，比如余额宝能直接进行消费，而很多货币基金赎回也能够及时到账。货币基金是少有的在流动性、灵活性方面可与活期存款相媲美的理财工具，随时可申购，随时可赎回，赎回款1~2日即可到账。货币基金投资门槛一般为1 000元甚至几百元，远低于银行理财产品，也不必担心卖完而买不到，周末和节假日也都有收益，不留任何收益空白期，积少成多，盘活了日常生活中的闲余资金，也真正转变了人们"一定要积攒到很多钱才可以投资理财"的观念。而一度很火爆的各类短期理财基金，未到期前不可赎回，牺牲了流动性，整体收益水平也并没有高过货币基金。

（3）收益稳定。由于货币基金投资于国债及央行票据市场等稳健的投资标的，这些投资工具的收益率在发行时已经是固定的，即使有波动，实际收益率和预期收益率相差也不大。所以可以给很多货币基金带来较稳健的收益。根据同花顺的统计数据，按照七日年化收益率(以下简称"收益率")计算，截至2021年12月31日，包括短期理财基金在内，208只货币基金(分类单独计算)整体收益率可观，最新数据为3.45％。相比0.35％的活期存款利率，上述货币基金的整体"收益率"几乎是其10倍。即使相比一年期3％的银行定存利率来说，货币基金的整体"收益率"也是明显更高的。再考虑到流动性优势，货币基金的节日理财优势非常明显。

（4）投资成本低。在买卖货币基金的过程中，涉及的认购费、申购费和赎回费都是零，投资者的资金进出非常方便，所以货币基金是非常好的现金管理工具。

2.2 货币基金的投资风险

货币市场基金当然也是有一定风险的。

首先，货币基金尽管和储蓄存款类似，但是货币基金毕竟不是存款，没有一定的保本承诺，如果了解货币基金的风险，必须明白货币基金和银行存款有着本质上的区别。货币基金和其他类型的基金其实是一样的，本质就是契约的组合，是多数投资者以集合投资的方式形成基金，委托基金管理人管理和运用基金资产。所以，选择合适的、有着良好职业操守的基金管理人就显得非常重要。

货币基金一般投资于市场上的短期流动性工具，如企业债券，企业的经营状况是随时发生变化的，一些企业经营环境发生恶化，存在到期不能够兑付的风险。所以，购买的货币基金投资的投资组合合理就显得尤为重要。

货币基金和其他类型的基金一样，也存在流动性风险，流动性风险是指当基金在面临大量赎回时，投资者无法将投资产品进行变现的风险。

特别是随着市场上货币基金的不断累加，基金经理为了提高收益率，以吸引更多的投资者，可能会采取一些激进的投资策略，这使得货币基金的风险不断累加，货币基金的风险主要体现在以下四个方面：

（1）信用风险。信用风险又称为违约风险，是指企业在债务到期时无法还本付息而产生的风险，很多货币型基金都是以货币市场中的短期信用工具为投资对象，其中各类不同的商业票据占基金资产一定的比例。

（2）经营风险。货币型基金的经营风险主要来自基金公司，即使基金管理人都是专业的投资人士，但是仍然无法避免基金投资决策失误的可能性，而且基金公司内部控制体系也有可能出现漏洞，一旦出现风险，会给基金资产带来重大损失。

（3）道德风险。货币型基金也需要签订基金合同，多数投资者都以集合出资的方式形成基金资产，委托基金公司进行投资运作，基金资产在基金管理人的运作中，投资者无法参与其中，基金经理在投资过程中会面临着巨大的利益诱惑，近年来也不断爆出基金违约的丑闻，基金经理和基金公司主动或者被动的道德违约，会给基金资产带来巨大的损失，也会给基金公司的形象造成重大影响。

（4）流动性风险。流动性是指金融产品转换为现金的能力，对于货币型基金而言，流动性风险是指基金在面临大量赎回时，无法将投资产品迅速变现，投资者无法马上赎回的风险。

案例：老李投资经历给我们的启示

最近这两年，银行里突然热闹起来，门庭若市，老李打听了半天才明白，那些人是来申购基金的。老李偶尔炒炒股票，可总是高买低卖，大盘指数上涨，老李的股票却亏钱了。老李经常听自己很多朋友说他们投资基金赚了钱，自己也早心动了。老李知道了基金是一种由专家帮助打理的理财产品，老李认为有这么好的事，为什么自己不参与呢？于是老李拿出了5万元，准备在基金里大干一场，在买什么样的基金的问题上，老李琢磨了很久，一直没有做出决定。

专家说，买基金一定要买名牌基金。于是老李选择了一只业绩好、口碑好、价格也好的名牌基金。那只基金果然随着2007年的股市行情一路上涨，可谓是芝麻开花节节高。没多久，老李曾在股市亏的钱一下子全赚了回来，高兴之余，老李后悔得捶胸顿足，早知今日，何必当初，放着那么多的经济学博士的基金经理不用，非自己瞎琢磨，看来，理财路上，自己还只能算得上是小学生。从此以后，老李天天畅想未来，按照这么个涨法，过个几十年，自己也能财务自由了。老李高兴极了，简直不相信计算器上显示的数字。

谁知好景不长，老李的如意算盘没打多久，美国就爆发了次贷危机。刚弄明白次贷是什么意思，股市就开始一路狂跌，老李在基金上获得的利润转眼灰飞烟灭，老李这时彻底崩溃了。自己折腾了一年多，5万元钱如今只剩2万多元了，什么你不理财，财不理你，分明是我越理财，财越不理我。还不如把钱全存进银行吃利息呢，虽然少点，但是旱涝保收啊，老李又开始后悔当时做了投资基金的决定，他开始赎回自己的基金，并且发誓再也不做金融投资了。

老李的失败，主要是因为其投资时点选择的失败和投资理念的错误。任何投资都有风险，基金投资是由专家代为运作，他们只能避免非系统性风险，力求在保全本金的基础上给我们回报。但在宏观经济不好、股市下跌的大环境下，基金公司和基金经理也无能为力。投资市场有个规律，当所有人都争着要进行金融投资时，可能正是牛市的末期，被人们哄抬的虚拟经济泡沫严重，此时入场等待投资者的是惨重的亏损。

所以，进行基金投资一定要选好入市时点，不能随波逐流，众口喧腾最可能是虚假的，对市场全无了解的人入市都能赚钱的时候，可能就是最危险的时候，华尔街流传着一句话，即要在市场中准确地踩点入市，比接住一把从空中落下的飞刀更难。个人投资者入市时间点不一定精确，但是一定要理性。

选择基金投资必须树立正确的理念，这应该是一个长期的过程，这个过程可能是五年、十年甚至更长时间，像老李这样拥有急功近利心态的投资者，往往只能以失败告终。当我们的能力达不到时，最好用闲钱投资，并且要有承受重大风险的能力和度过熊市的耐心。

2.3 如何选择货币基金

货币基金一经上市就代替活期存款成为年轻人理财的重要工具，其低风险、高流动性的特点，满足了年轻人碎片化的投资需求。其实，与活期存款相比，货币基金市场没有本质的区别，投资者只需注意以下几点即可。

第一，选择历史业绩较好，风险防控能力强的管理人。由于投资基金的一个重要特点就是由管理人代为管理投资者的基金，所以一定要选择那些稳健的基金管理人管理的货币基金。对于流动性强的货币基金来说，更要选择那些优秀的基金公司和管理者。

第二，购买产品线完善的基金公司的产品。货币基金的特点决定了它不仅是良好的现金管理工具，更是投资股市的避风港，在股市行情不好的情况下，货币基金可以安全地规避投资风险。大公司的风险要远小于小公司的风险。

第三，购买规模稳定的货币基金。货币基金收益与规模没有必然的联系，但是与规模的稳定性有直接的联系，规模不稳定的基金风险很大，所以购买基金时，基金的规模也是一个需要考虑的风险因素。

除以上几个需要考虑的风险因素之外，互联网技术的发展和应用，也对基金业的销售渠道带来了巨大的变革，想要购买货币基金时，不再需要通过银行、券商、基金公司或者其他基金代销机构，甚至不用开立基金账户，投资者就可以通过第三方支付平台购买货币基金产品。

特别是随着微信和支付宝的普及，基金产品的购买已经非常方便了，而且手续费率相对较低。余额宝是由支付宝打造的余额增值服务，投资者把钱转入余额宝，即等同于购买了由天弘基金提供的货币基金，可以获得一定的投资收益。余额宝内的资金还可用于网购支付，灵活取现。

2013年6月13日，支付宝联手天弘基金正式上线余额宝，又称为天弘增利宝。由于其可以随时满足用户的理财需求，上线一年用户数就达到一亿户。当然经过一年的发展后，余额宝的收益逐渐恢复正常。同时由于存款利率的不断下降和放开、股票市场的火热，不少资金由余额宝等货币型基金中转出，流入股票市场。特别是随着收益的下降，余额宝不再作为一个单纯的货币基金而存在，已成为理财和支付紧密结合的工具。

后来，互联网公司相继推出"宝宝类"产品，如微信理财通等，所以，我们购买货币基金，根本不需要再去代理机构购买了，直接用手机App，就能很方便地购买。从操作上来讲，投资这种基金最容易操作，过程也最为简单，是所有共同基金中稳健、基本的投资工具，操作类似于银行的活期储蓄存款，十分方便。

在目前利润排名前五位的基金中，天弘余额宝排名榜首，其他分别为广发聚丰、中邮核心成长、易方达瑞惠灵活配置混合、添富均衡。值得一提的是，虽然排名后四位的基金年利润均超过70亿元，但没有一家超过百亿元，因此，余额宝的地位几乎无法撼动。

2.4　货币基金的投资技巧

　　货币基金是厌恶风险、对资产流动性和安全性要求较高的投资者进行短期投资的理想工具,或者是存放现金比较好的媒介。值得注意的是,货币基金的长期收益率较低,并不适合长期投资。

1. 区分货币A和货币B

　　投资者在选择货币基金时,经常遇到一些基金名称为货币A或者货币B的产品,那么,货币A和货币B有什么区别呢? 货币A和货币B甚至货币C,其实都是同一只基金,只是在最低申购份额和销售服务费上有差异。货币基金A的最低申购份额较低,一般在1~1 000元,常见的为100元。货币B的最低申购额一般为500万元,门槛非常高。货币基金A的销售服务费略高于货币基金B,所以,货币基金B的分红要略高于货币基金A。一般的基金公司货币基金A的销售服务费为0.25%,货币基金B的销售服务费为0.01%。

　　货币A和货币B主要的区别除体现在费用和申购门槛之外,还体现在收益率上,货币A由于申购门槛低,收益率也相对较低。

　　实战案例: 货币A和货币B

　　下图所示为天弘弘运宝货币A(001386)。

天弘弘运宝货币A(001386)

每万份收益（11-26）	7日年化（11-26）	14日年化	28日年化
0.6542	2.4720%	2.46%	2.45%

近1月：0.21%	近3月：0.62%	近6月：1.23%
近1年：2.52%	近3年：7.87%	成立来：19.13%

基金类型：货币型｜低风险	基金规模：13.20亿元（2021-09-30）	基金经理：王登峰等
成立日：2015-08-13	管理人：天弘基金	基金评级：暂无评级

| 基金档案 | 基金概况 | 基金经理 | 基金公司 | 历史净值 | 阶段涨幅 | 分红送配 | 持仓明细 |

下图所示为兴全货币B（004417）。

兴全货币B(004417)

每万份收益（11-26）	7日年化（11-26）	14日年化	28日年化
0.7453	2.6040%	2.55%	2.52%

近1月：0.22%	近3月：0.63%	近6月：1.27%
近1年：2.67%	近3年：8.44%	成立来：16.50%

基金类型：货币型｜低风险	基金规模：404.19亿元（2021-09-30）	基金经理：谢芝兰等
成立日：2017-03-31	管理人：兴证全球基金	基金评级：暂无评级

| 基金档案 | 基金概况 | 基金经理 | 基金公司 | 历史净值 | 阶段涨幅 | 分红送配 | 持仓明细 |

2. 如何计算货币基金的收益

货币基金的净值一般为1元，在基金分红日，基金净值中超过1元的部分自动以红利再投资的方式转为基金份额，最终投资者拥有多少基金份额，就拥有多少基金资产。

货币基金的收益通常用每万份基金单位收益和最近7日年化收益率表示，这两个反映收益的指标都是短期指标。

7日年化收益率是将最近7日平均收益率折算到全年，即将8月12日~18日的收益率进行平均，最后乘以365，即为7日年化收益率。

每万份基金单位收益是以人民币计价收益的绝对数，从上次公告截止的次日至本次公司截止日期之间所有交易日的收益总计数。

7日年化收益率的具体意义是，如果货币基金当天的7日年化收益率为5%，且基金持续一年的收益率保持不变，那么，投资者持有一年就可以获得5%的收益。

在实际执行中，货币市场基金的每日收益会根据基金经理的操作和货币市场利率波动而产生变化。因此，7日年化收益率是一个短期指标。

每万份基金单位收益越高，投资者每天获得的真实收益越高，根据基金合同，基金管理人每周至少公告一次基金7日年化收益率和每万份基金单位收益。

3. 货币基金的投资技巧

货币基金有"准储蓄"之称，其低风险、高流动性的特点，满足了年轻人零钱、碎钱投资的需求。那么，在投资货币基金时，要注意以下几点：

（1）选择历史业绩好、风险防控能力强的管理人

基金都是由管理人进行管理的，货币基金也不例外，所以想要获得超额收益，一定要选择优秀的管理人，特别是那些有着良好的历史业绩，风控能力较强的基金经理。

购买货币基金最重要的是流动性，而不是收益率，所以要尽量选择那些投资组合平均、剩余期限较短的产品，如果要赚取更高的收益率，不如购买股票型基金或者债券型基金。规模大的货币型基金在银行间市场投资运作时，具有节约固定交易费用、在一对一询价中要价能力强等优势，而且抵御赎回负面影响的能力相对较强，但规模过大可能导致基金无法购买到合适的投资品种，进而影响投资水平，所以投资者应该更多地关注规模适中、操作能力强的货币型基金。

（2）进行货币型基金转换收益更高

仓位管理是投资者进行投资的重要环节，货币型基金是目前最好的仓位管理工具，具有收益稳定、买卖免费、天天有息、分红免税等特点，可完全满足现金管理的要求。但是很多投资者可能仅仅将货币型基金理解为获得稳健收益的投资工具，而忽略了货币型基金的转换功能。如果能够巧用货币型基金的转换功能，就能降低交易成本，实现更高的收益。

货币型基金的流动性有两层含义：一是能否迅速地转换为现金，以便用于消费支出；二是当市场机会来临时，能否快速地转换为其他投资品种。假如投资者购买了A型货币型基金，但是此时股市已进入了牛市初期，为了投资股票，投资者可以赎回货币型基金，然后再去申购股票型基金，这个过程很复杂，至少耗费5个工作日，不仅延误投资时机，而且手续烦琐，而且在申购赎回股票型基金时，还需要支付申购费和赎回费。但是如果货币型基金和股票型基金是同一家旗下的基金，那就不一样了，当看好市场时，只需将货币型基金转换为股票型基金，马上就可以享受市场上涨收益，当不看好市场时，再将股票型基金转为货币型基金，可以避免市场风险，手续简便，费用低廉。

（3）货币型基金是短期理财工具

对于投资者而言，货币型基金只是短期理财工具，如果投资者手中的钱是短期不用的，才适合购买货币型基金。如果投资者手中的钱是一年以上不用，则最好根据市场情况考虑投资国债、股票型基金、混合型基金等，这些投资在较长时间里，通常能够给投资者带来高于储蓄或者货币型基金的收益。对于任何种类的基金，其最终收益都会受到运作水平等因素的影响，所以，投资者一定要综合考量再买入，特别是综合排名靠前的货币型基金，才是投资的首选。尽管货币型基金是短期理财工具，但是在选择购买时机时还是要注意，投资者在T日在第三方平台（微信、支付宝等）上申购货币基金，T+1日确认并开始享受每日基金投资收益。需要注意的是，T、T+1都是交易日，因此，投资者要坚决回避在法定节假日前一天申购货币型基金。

实战案例：巧用货币型基金，增加收入

小陈是一位普通的上班族，刚上班的时候不懂怎样进行投资理财，每月发完工资后就存入银行账户，平时消费主要是刷信用卡，这种信用卡是与借记卡也就是工资卡相连的，父母为他按揭买了一套房，每月需要他按时归还按揭贷款。除按揭贷款之外，他的日常开销也不小，每个月下来，也剩不下几个钱，另外他还担心信用卡因透支过期还不上而影响信用，还要多交利息，所以也不敢拿钱来进行投资。

有一次，小陈去银行办理业务时，听银行的工作人员介绍说，工资账户所在银行发行的货币型基金可以提供支付功能，而且利用自己手上的信用卡和借记卡，再结合该货币型基金进行组合投资，还能够有所收益，他觉得挺新鲜的，就在银行签订了相关协议，办理了此项业务。

同时小陈根据自己的实际情况选择了自动申购、赎回及赎回还款等服务, 每月20日工资到账后, 将部分工资自动申购成货币型基金, 在享受货币型基金收益率的同时, 免去了每个月去网点排队申购的麻烦。同时每月利用自动赎回服务, 在每月账单日及按揭款还款日前将货币型基金自动赎回, 完成账单支付和按揭款还款。

经过几个月的实践, 小陈发现实际上等于利用发卡行的资金免费消费, 同时货币型基金又积累了一笔可观的财富。当前市场上的货币型基金平均收益率在3%左右, 比0.35%的活期存款利率高出数倍, 而且货币型基金与存款、国债单利计息不同, 实行按日计息, 按月结转份额, 是复利投资, 长期下来, 其中的收益不容小觑, 同时小陈每年刷信用卡超过六次还免去手续费, 无形中积累了不少积分奖励。

小陈将自己的投资经验告诉了好朋友小李, 可是小李的操作却没有那么顺利, 他去小李办理的银行办理了手续, 但是他的工资卡是另一家银行的, 在实际操作中会遇到很多麻烦, 他想提醒投资者, 想和他一样投资的朋友一定要注意, 选择属于同一家银行的借记卡和信用卡, 而且可以根据自身需求, 任选或者更改自动申购、赎回的金额, 也可以随时取消自动申购、赎回服务。

第 3 章

债券基金

- ➤ 债券基金概述

- ➤ 如何挑选债券基金

- ➤ 债券基金的购买时机

- ➤ 债券基金的投资风险

3.1　债券基金概述

债券基金因80%以上的投资对象为国债、金融债等固定收益类金融产品而得名。而根据基金资产投资比例不同，可分为纯债型基金和偏债型基金。

纯债型基金不投资股票，一般不收取认购和申购费用，赎回费用低。而偏债型基金可以投资少量的股票，可以根据股票市场的好坏进行灵活的资产配置，在风险可控的情况下，分享股票市场带来的红利。

另外，根据基金持仓债券类型不同，基金也会有不同的类型，通常根据债券发行者的不同，债券到期日长短及债券等级的高低对债券进行分类。

根据债券发行者的不同，可以将债券分为政府债券、企业债券和金融债券等；根据债券的到期日不同，可分为短期债券和长期债券等；根据债券信用等级的不同，可以将债券分为低级债券和长期债券等。与此相对应，就出现了不同类别的债券基金。

下图所示为债券型基金近一年的收益率排行。

序号	基金代码	基金简称	日期	单位净值	累计净值	日增长率	近1周	近1月	近3月	近6月	近1年
1	004400	金信民兴债券	11-26	1.6200	2.7054	0.00%	0.02%	0.10%	63.36%	62.99%	64.11%
2	004401	金信民兴债券	11-26	1.6973	1.8690	0.01%	0.02%	0.06%	62.94%	62.89%	63.83%
3	000536	前海开源可转	11-26	1.5040	1.8740	0.40%	2.24%	8.20%	11.24%	38.24%	59.49%
4	005793	华富可转债债	11-26	1.6258	1.6258	-0.46%	1.58%	10.02%	9.37%	34.69%	29.24%
5	090017	大成可转债增	11-26	1.7760	1.7860	0.62%	1.83%	8.29%	11.77%	34.44%	36.30%
6	210014	金鹰元丰债券	11-26	2.0651	2.5279	0.26%	1.87%	6.59%	8.99%	31.60%	39.21%
7	006482	广发可转债债	11-26	2.0908	2.0908	0.87%	0.89%	7.09%	9.68%	31.56%	50.82%
8	010629	广发可转债债	11-26	2.0869	2.0869	0.87%	0.88%	7.08%	9.63%	31.44%	50.49%
9	006483	广发可转债债	11-26	2.1144	2.1144	0.87%	0.88%	7.06%	9.58%	31.30%	50.22%
10	009512	天弘添利债券	11-26	1.4119	1.4119	0.18%	0.79%	10.03%	14.85%	29.44%	32.46%

债券基金对追求稳定的投资者来说具有较强的吸引力，同时债券基金业绩的波动性远小于股票基金，这也是不少投资者追求稳定收益的不错途径。

与股票型基金不同的是，在债券基金中有些特殊的分类，比如华夏债券和大成债券分为A、B、C三类，而工银强债、招商安泰、博时稳定和鹏华普天分为A、B两大类，这之间到底有什么区别呢？

无论是A、B、C三类还是A、B两大类，其核心区别在于申购费，A类代表前端收费，B类代表后端收费，C类没有申购费，即无论是前端收费还是后端，都没有手续费。

如果投资者对投资期限没有要求，可以考虑A类基金，因为在购买的时候就已经产生费用了。如果确定要长期投资，比如持有三年以上，可以选择B类，资金长期不用或者准备长期投资，买B类比较划算。如果是短期投资，比如资金暂时投放到债券型基金，买C类基金比较合适，一般是按照年费率0.3%分摊到每一天，按照实际持有的天数收费，1~2年以下的投资可以选择C类。

实战案例：债券违约

主体概况：中融新大集团有限公司（以下简称中融新大或公司）前身为山东焦化集团有限公司，后因转型升级及业务发展需要，公司逐步由单一传统的生产型企业转型为特大型综合性企业，并于2016年3月更名为中融新大集团有限公司。公司主营能源化工、物流清洁能源供应及金融投资，并向矿产资源综合运营拓展。截至2019年末，自然人王清涛持有公司64.84%的股份，为公司第一大股东及实际控制人。公司于2020年4月20日首次发生违约，2020年初公司主体信用等级为AA+。

违约事件：2020年4月20日，中融新大未能按时足额兑付"18中融新大MTN002"回售及利息，发生实质性违约。

违约原因：中融新大近年来业务扩张较快，积累了大量债务；另外，公司盈利稳定性弱，资产流动性差，且受限资产规模较高，资产变现空间有限，自有资金无法为债务偿付提供强有力的支持；同时，由于公司涉及多项诉讼及股权冻结，外部融资环境也有所恶化，最终导致公司资金链紧张，无力按期兑付债券回售本金及利息，发生违约。具体来看，中融新大违约的原因主要涉及以下四个方面：

（1）公司业务扩张激进，投资资金需求依赖于债务融资，债务负担加重；

（2）盈利稳定性弱，经营活动现金净流量波动大；

（3）资产流动性一般，对外担保规模大；

（4）融资不畅加剧资金链紧张，偿债能力下降。

3.2　如何挑选债券基金

股票型基金的许多指标可以被很好地应用在债券基金的分析上,例如净值增长率、标准差、费用率和周转率等都是比较常用的分析指标,但是由于债券型基金的风险来源和股票型基金有所不同,债券型基金的表现与风险主要受久期与债券信用等级的影响,因此债券型基金的分析应该从两个方面进行。一只债券型基金的平均到期日只对债券平均偿还本金的时间进行考察,因此并不能很好地衡量利率变动对基金净值变动的影响。

久期是指一只债券贴现现金流的加权平均到期时间。它综合考虑到了到期时间、债券现金流及市场利率对债券价格的影响,可以用于反映利率的微小变动对债券价格的影响,因此是一个较好的债券利率风险衡量指标。债券基金的久期等于基金组合中各个债券的投资比例与对应债券久期的加权平均,与单个债券的久期一样,债券基金的久期越长,净值的波动幅度就越大,所承担的利率风险就越高。久期在计算上较为复杂,但是应用却很简单。

要衡量利率变动对债券基金净值的影响,只需久期乘以利率变化即可。例如,某债券基金的久期为5年,那么市场利率下降1%,该债券基金的资产净值增加约5%,当市场利率上升1%,该债券基金的资产净值下降约5%。

因此,风险承受能力弱的投资者应该选择久期较短的债券型基金,愿意接受较高风险的投资者可以选择久期较长的债券型基金。

久期可以较为准确地衡量利率的微小变动对债券价格的影响,但是当利率变动幅度较大时,则会产生较大的误差,这主要是由债券所具有的凸性引起的。债券价格与利率之间的反向关系并不是直线型关系,而是一种凸线型关系。当利率变动幅度较大时，以久期为代表的直线型关系就不能准确衡量债券价格的真实变动，而必须用凸性对其进行修正。另外，债券基金所持有的债券平均信用等级也是影响债券收益的重要因素，在其他条件相同的情况下，信用等级越高的债券，收益越低，信用等级越低的债券，收益越高。

对债券进行评级的机构主要有三家，分别是中诚信国际、联合资信和大公国际，目前在中国债券市场上，有97%的债券评级为ＡＡ或者ＡＡＡ，也就是最高级别的债券评级，因此，对债券基金的信用等级分析意义并不大。

投资者可通过债券的发行人来判断风险和收益，例如政府发行的债券风险最低，收益也最低，金融机构发行的债券风险大于政府债券，收益比政府债券要高一点，公司发行的债券存在的违约风险大，但是收益却是最高的。

虽然债券型基金具有抗风险、收益稳健的特征，但是不同的债券，收益却有较大差距。债券型基金主要投资于国债、企业债和可转债。目前在交易所上市的国债、企业债和可转债，其市场价格不仅受债券本身的债券票面利息、债券偿还期限的影响，还受利率、市场供需、投机因素的影响。在债券市场价格波动较大时，一旦出现债券的投资价格低于买入价，债券型基金的净值出现下跌，短期投资者亏钱的概率会很高。但是，在较长时间内，由于债券的票面利息是固定的，债券每年能够取得稳定的利息，在债券利息积累到一定程度后，完全可以抵消二级市场价格波动的损失，投资债券赔钱的概率就会小很多。

债券型基金的投资策略主要有以下三种：

（1）债券型基金虽然风险较小，但是仍然有一定的风险。债券主要是与中国人民银行的利息率挂钩，尤其是在升息环境中。当利率上行时，债券的价格会下跌，债券型基金就会出现亏损。

大多数债券型基金持有不少可转债，有的还投资少量股票，股价尤其是可转债价格的波动会加大基金回报的不确定性，所以，投资者应时刻关注银行利率的变化。债券型基金和几乎所有的投资产品一样，任何时候都可能亏损，并不保证最低收益。

一般情况下，债券型基金发生亏损的原因有两个：一是短期内市场收益率大幅上升，导致债券价格大幅下跌，通常大幅加息或者持续加息会出现这一情况；二是债券型基金发生大额赎回，不能将价格下跌的债券持有到期，为应对赎回被迫抛售债券后造成实际亏损。债券型基金风险较低，收益适中，但并不是投资债券型基金不会亏钱（见下图）。

股票持仓	债券持仓		
股票名称	持仓占比	涨跌幅	相关
兴业银行	0.85%	0.55%	
宁波银行	0.72%	3.17%	
汇川技术	0.63%	-0.78%	
贵州茅台	0.61%	-1.07%	
中国神华	0.61%	1.59%	
招商银行	0.59%	2.60%	
海尔智家	0.59%	2.11%	
伊利股份	0.57%	0.46%	
恒力石化	0.49%	6.12%	
平安银行	0.48%	0.99%	
前十持仓占比合计：		6.14%	

持仓截止日期：2020-12-31　更多持仓信息

股票持仓	债券持仓	更多 >
债券名称	持仓占比	涨跌幅
16国开	1.68%	
20国债10	1.49%	0.03%
20国债	1.35%	--
20农发	1.10%	--
20农发	0.88%	--
前五持仓占比合计：	6.50%	

持仓截止日期：2020-12-31　更多持仓信息>

（2）债券价格的涨跌与利率的升降呈反向关系。利率上升的时候，债券价格下滑，要了解债券价格变化，可以从债券价格对于利率的敏感程度开始，也就是专业人士常说的久期，即把债券持有到期的时间作为指标来衡量。久期越长，债券型基金的资产净值对利息的变动越敏感。假如某只债券型基金的久期为五年，那么利率每下降一个百分点，基金的资产净值就会增加五个百分点，同样的，利率每上升一个百分点，基金的资产净值会下降五个百分点。

（3）在购买债券之前，一定要看懂它的底层逻辑。既可以通过基金招募说明书，也可以通过基金投资组合报告来查看基金的投资对象，对于组合类债券型基金，投资者还需要了解其所投资的可转债及股票的比例关系。基金持有比较多的可转债，虽然可以提高收益能力，但是同样也放大了风险。因为可转债会受到正股的影响，波动要大于普通债券，尤其是大量持有可转债的基金，其回报率受股市和可转债市场的影响远远大于债券市场。

基金投资实例：债券型基金抵御风险

陈先生最早开始接触基金的时候非常小心谨慎，只买了一些封闭型基金。经过两年多的时间，陈先生已经尝到了基金的甜头。但是，他觉得市场的行情不会是一直见好的，为了保护已经获得的收益，他开始寻找一些别的投资品种。

经过反复琢磨以后，他决定买入债券型基金，到基金公司的时候，基金经理告诉他债券型基金分为两种：一种是纯债型基金；另一种是配合股票投资的配置型债券基金，两种债券基金的收益差别很大。纯债型基金的收益只有几个百分点，配置型债券基金的收益率最高可达到30%以上。

陈先生开始在网上了解这种类型的基金招募说明书和基金投资报告，当他知道这种基金通过认购新股的形式获取收益，他觉得这种基金具有一定的投资价值。而且，基金经理还告诉他这种债券型基金具有很强的抗风险能力。这种基金持有一定的股票和可转债，虽然加起来持有最多百分之十几，但是如果这部分的跌幅达到50%，对基金的业绩还是有较大的影响。

为了更好地投资债券型基金，获得更多收益，陈先生决定认真研究，首先他发现用微信或者支付宝申购基金要比银行或者基金公司直销便宜得多。大部分基金的前端收费费率为1.5%，而在第三方支付平台上打一折，费率非常低。

这时陈先生正好有5万元钱分红，就决定用来买入债券型基金。因为他认为，在股市平均市盈率40倍估值的情况下，不管股市涨跌，这种债券型基金年收益超过20%的概率较大，果然经过了一段时间，到2007年底，这只债券型基金为陈先生带来40%的收益。

3.3 债券基金的购买时机

投资者购买债券基金，主要有以下几种情况：

（1）股票市场行情不好时，资金纷纷流入低风险的债券基金或者货币基金进行避险；

（2）投资者一般都有风险恐惧的心理，所以抱着以低风险换取长期稳定收益的目标；

（3）债券基金只是投资组合中的一类基金，用于对冲其他高风险资产。

无论投资者出于何种原因购买债券基金，都需要注意以下事项。

1. 债券与货币政策反向

债券的价格总体上和利率的走势呈反向关系，如果货币政策趋于宽松，央行降准降息，那么说明当前市场缺乏流动性，这时债券未来能够带来的现金流就比较有吸引力了，债券价格就会上涨，债券型基金的收益就会上升。如果央行启动加息，由于债券将来产生的现金流不变，那么债券型基金的收益就有下降的趋势。

2. 债券走向与股市走向相反

股票市场和债券市场, 一个是权益类; 另一个是固定收益类, 一般情况下, 两类资产呈此消彼长的态势。通常情况下, 如果股票市场进入熊市, 债券市场的收益就会比较高, 资金会进入债券市场避险。如果股票市场进入牛市, 债券市场的收益就会比较低, 资金就会进入股票市场, 其实这也是一种非常常用的投资策略, 叫作股债平衡。

3. 可转换公司债券

可转换公司债券简称可转债, 是指投资者在一定的条件下, 可以按照一定的比例或者价格将其转换成股票的债券。可转债具有债权和期权双重属性, 债权是指当债券到期时, 投资者可以选择获取公司兑付的本金和利息。

下图所示为可转债近一年的收益排行。

序号	基金代码	基金简称	日期	单位净值	累计净值	日增长率	近1周	近1月	近3月	近6月	近1年
1	000536	前海开源可转	11-26	1.5040	1.8740	0.40%	2.24%	8.20%	11.24%	38.24%	59.49%
2	005793	华富可转债债	11-26	1.6258	1.6258	-0.46%	1.58%	10.02%	9.37%	34.69%	29.24%
3	090017	大成可转债增	11-26	1.7760	1.7860	0.62%	1.83%	8.29%	11.77%	34.44%	36.30%
4	006482	广发可转债债	11-26	2.0908	2.0908	0.87%	0.89%	7.09%	9.68%	31.56%	50.82%
5	010629	广发可转债债	11-26	2.0869	2.0869	0.87%	0.88%	7.08%	9.63%	31.44%	50.49%
6	006483	广发可转债债	11-26	2.1144	2.1144	0.87%	0.88%	7.06%	9.58%	31.30%	50.22%
7	240018	华宝可转债债	11-26	1.7620	1.7620	0.29%	1.39%	6.87%	8.53%	29.04%	34.10%
8	008817	华宝可转债债	11-26	1.7538	1.7538	0.29%	1.38%	6.85%	8.46%	28.88%	33.78%
9	003510	长盛可转债债	11-26	1.4133	1.7197	---	0.84%	5.11%	5.80%	27.57%	25.72%
10	003511	长盛可转债债	11-26	1.4150	1.7323	---	0.84%	5.08%	5.72%	27.38%	25.34%

3.4　债券基金的投资风险

（1）低风险低收益：由于债券型基金的投资对象是债券，其收益稳定、风险很小，所以，债券型基金的风险也很小；又因为债券的收益率是较为固定的，因此，相对于其他股票型基金而言，收益也不高。

（2）费用较低：因为债券型基金没有复杂的投资操作过程，因此，基金的管理费用也很低，这也就造成了债券型基金的低费用。

（3）收益稳定：将基金资产投资于债券，有定期回报，到期承诺还本付息，因此，债券型基金的收益很稳定。

（4）注重当期收益：债券型基金追求的是较为固定的收入，相对于股票型基金而言，缺乏成长空间，适合不愿意过多冒险，满足于稳定的当期收益的投资者。

债券基金虽然风险低，但也不是完全没有风险，投资债券型基金仍然要面临许多风险，主要有以下四大风险：

1. 利率风险

债券的价格与市场利率密切相关，而且呈反向变动关系，当市场利率上升时，大部分债券的价格都会下降；当市场利率降低时，债券的价格就会上升。通常，债券的到期日越长，债券受市场利率的影响也就越大。同时，债券基金的价值会受到市场利率变动的影响，债券的平均到期日越长，债券市场的风险利率越高。

2. 信用风险

信用风险是指债券发行人没有能力按时支付利息，到期归还本金的风险。如果债券发行人不能按时支付利息或者偿还本金，该债券就面临很高的信用风险。投资者为弥补低级信用债券可能面临较高的信用风险，往往要求较高的收益补偿。一些债券评级机构对债券的信用进行评级，如果某债券的信用等级下降，将会导致该债券的价格下降，持有这种债券的基金的资产净值也会下降。

3. 提前赎回风险

提前赎回风险是指债券发行人有可能在债券到期日前回购债券的风险。当市场利率下降时，债券发行人能够以更低的利率融资，因此，可以提前偿还高息债券。持有附有提前赎回债券的基金不但能获得高息收益，还会面临再投资风险。

4. 通货膨胀风险

通货膨胀会吞噬固定数额资金的购买力，因此，债券基金的投资者不能忽视这样的风险，必须适当地购买一些股票基金，以提高整体收益。

债券投资风险因素分析：

影响债券价格波动的主要因素是利率，对利率的周期变化的分析最考验投资者的水平。因为这直接决定了投资者的收益率。利率风险与信用风险是影响债券基金收益的两大主要风险。投资者在选择债券型基金时，判断一只基金的风险有多高，是否值得投资，这两个指标是一定要看的。利率和债券价格是呈反向变动关系，而衡量利率对债券价格变动的核心指标是久期。

久期就是投资者持有债券型基金时的期限，以及等待多长时间才能收到现金。久期以年为单位计算，但不是债券的到期日，债券何时到期、支付债券本金和利息的现金流，这三个因素决定了久期这个指标，久期越长，基金净值对利率变动越敏感，如果利率近期有上升的可能，应该选择所持债券综合久期较短的基金，如果利率有下降的可能，应该选择所持债券综合久期较长的基金。

选择债券型基金的信用等级也是有限制性条件的，债券的信用等级其实代表了基金的信用素质，只要查看一只基金的信用等级，就能知道一只基金的风险大小。

第 4 章

混合型基金

$\circ$————————————————————————$\circ$

➤ 混合型基金基本概述

➤ 如何选择混合型基金

➤ 混合型基金的投资技巧

➤ 混合型基金的投资风险

4.1 混合型基金基本概述

混合型基金是指一只基金既投资于股票又投资于债券和货币市场工具，它既不是股票型基金（股票投资比例不低于总资产的80%），也不是债券型基金（债券投资不低于总资产的80%）。而是两者的结合，设置的目的是让投资者通过选择一只基金就可以实现投资的多元化，而无须考虑购买不同风格的基金。

混合型基金在资产配置方面，尤其是有关股票仓位方面的约束，相比单纯的股票基金和债券基金要少很多，这也是混合型基金的最大价值所在。混合型基金的特点主要有以下几个方面：

（1）能够风险对冲，股票和债券分属不同的投资类型，前者是风险大、收益高的股权融资，后者是收益与风险都相对稳定的债权融资，两者的风险刚好可以对冲。

（2）交易较为灵活，可以任意切换、灵活配置是混合型基金的特点，这也决定了该类型基金表现非常灵活。从资产配置方向综合来比较各类型基金的风险和收益，可以判断出股票型基金与混合型基金是主动型基金，而债券型基金和货币型基金是被动型基金。因此，各类型基金按照风险和收益由高到低排序，依次为股票型基金、混合型基金、债券型基金和货币型基金。而从这个角度来说，混合型基金虽然是主动型基金，但是由于采取了分散投资策略，风险和收益水平还是比较适中的。

（3）对基金经理的能力要求较高，不同市场的资产配置造成基金净值波动很大，基金的收益和风险完全依赖于基金经理对资本市场的判断。

（4）单向收益受限制，虽然混合型基金对具体的仓位不设限制，但是通常而言，混合型基金还是倾向于进行多种资产配置，以此来平滑单一投资品种对基金净值造成的波动。相比于单向基金来说，混合型基金的这种配置方法无疑会压低基金净值的增长率，因为混合型基金不可能在单一市场实现满仓，所以，相对于股票型基金，其利润还是要少很多。混合型基金举例如下图所示。

序号	基金代码	基金简称	日期	单位净值	累计净值	日增长率	近1周	近1月	近3月	近6月	近1年	近2年	近3年	今年来	成立来▼	自定义	手续费
1	006401	先锋量化优选	04-02	1.4348	67.0602	0.46%	2.44%	-2.45%	2.42%	13.33%	34.62%	—	—	2.42%	6606.03%	31.58%	0.15%
2	000011	华夏大盘精选	04-02	20.3100	27.1140	0.50%	2.86%	-0.65%	3.41%	20.77%	76.69%	66.15%	79.46%	3.41%	4035.36%	72.72%	0.15%
3	260104	景顺长城内需	04-02	13.8480	15.7240	2.54%	6.00%	1.72%	0.16%	25.84%	96.84%	129.61%	188.71%	0.16%	2573.72%	90.69%	0.15%
4	100020	富国天益价值	04-02	2.6681	6.4344	2.36%	5.01%	-1.92%	0.37%	24.90%	99.19%	121.87%	136.71%	0.37%	2564.77%	93.22%	0.15%
5	163402	兴全趋势投资	04-02	1.0365	11.3592	1.27%	1.19%	-5.67%	3.56%	15.67%	48.32%	65.87%	77.62%	3.56%	2558.97%	43.91%	0.15%
6	162605	景顺长城鼎益	04-02	3.3020	6.2430	2.77%	6.28%	3.16%	0.41%	27.78%	104.39%	127.38%	179.23%	0.41%	2373.14%	98.51%	0.15%
7	161005	富国天惠成长	04-02	3.5242	6.5722	1.18%	2.72%	-3.33%	1.55%	13.96%	65.57%	84.81%	87.93%	1.55%	2087.44%	61.16%	0.15%
8	519008	汇添富优势精	04-02	4.3349	8.9561	1.44%	4.45%	-1.46%	2.07%	14.83%	68.74%	72.93%	65.31%	2.07%	1937.88%	63.67%	0.15%
9	100022	富国天瑞强势	04-02	0.9051	5.8093	0.21%	2.03%	-3.39%	0.22%	18.04%	74.64%	116.34%	101.29%	0.22%	1903.77%	70.43%	0.15%
10	160505	博时主题行业	04-02	1.8340	6.2480	1.44%	3.91%	-3.37%	-0.09%	17.48%	40.41%	48.70%	43.36%	-0.09%	1856.71%	37.87%	0.15%

4.2　如何选择混合型基金

混合型基金同时使用激进和保守的投资策略，其回报和风险要低于股票型基金，高于债券型和货币型基金，是一种风险适中的理财产品。投资者无论投资任何标的，都应该确定自己的风险偏好，在投资混合型基金时，可以考虑以下四个方面：

1. 了解混合型基金的资产配置比例

根据股票债券投资的比例和投资策略的不同, 混合型基金分为偏股型、偏债型、股债平衡型、灵活配置型等多种类型, 其中灵活配置型基金可以根据市场情况更加灵活地改变资产配置比例, 得以实现进可攻、退可守的目的。

2. 看基金的盈利能力

优秀的基金产品不仅要有收益, 更要获得超越市场平均水准的超额收益, 因此, 基金的阶段收益率和超额收益率两项指标是我们关注的重点。基金的阶段收益率反映了基金在这一阶段的收益情况, 是基金业绩的最直接体现, 但是这个业绩受很多短期因素的影响, 为了更全面地判断基金的盈利能力, 评价收益率还需要考虑基金是否能获得市场平均水准的超额收益率, 常用詹森指数等作为衡量指标。

詹森指数衡量基金获得超越市场平均水准的超额收益能力, 可以作为阶段收益率的补充, 如果某一投资组合的詹森指数显著大于零, 则显示其业绩优于市场基准组合, 而詹森指数小于零, 则说明该基金的绩效表现不是很好。

3. 看基金的抗风险能力

投资者选择混合型基金时, 还要关注基金的抗风险能力, 这主要是通过该基金的亏损频率和平均亏损幅度来比较。不同的亏损频率和亏损幅度在一定程度上反映了基金经理的操作风格, 只有将亏损频率和亏损幅度较好平衡的基金才能具有较强的抗风险能力, 帮助投资者实现长期持续的投资回报。

4. 看选股择时能力

基金经理是否能够通过主动投资管理实现基金资产增值是影响混合型基金投资的一个重要因素，因而考察混合型基金管理人的选股能力显得尤为重要。

大体来说，用于评估基金经理选股能力的常用指标有组合平均市盈率、组合平均市净率、组合平均净资产收益率等，只有持仓组合的以上几个指标都处于合理水平时，基金资产才有较好的增值前景。

4.3　混合型基金的投资技巧

对基金进行准确的评价是做好基金投资的准备工作之一，投资基金首先应该先挑选基金，而挑选基金一般要选择基金业绩好的基金，而评价基金是需要用财务指标来进行评价的。

1. 净资产总值

如果某只基金的净资产总值处于增长状态，那么说明这只基金表现良好，可以进行投资；但是如果这只基金出现了净资产总值下降，那么就要看这只基金重仓的是什么资产，如果资产的质地没有问题，则可以做逆向投资加仓，但是如果这只基金的重仓质地有问题，那么投资的风险就会大很多。

净资产总值的计算公式为：

净资产总值=总资产−总负债

净资产总值是以基金总资产价值扣除总负债之后获得的，并且遇到基金发放利息和股利时，总资产价值还必须扣除应发放的利息和股利之和。基金总资产是依照基金投资组合中的现金、股票、债券及其他有价证券的实际总价值来计算的，一般以证券交易所公布的当天收盘价位为计算标准，所以是每日变动的。基金的负债主要指基金从银行同业拆借市场借入的资金、支付给基金公司的管理费及托管机构的托管费等必要开支。

基金净资产总值的增长来源于三个方面：投资收益（包括利息、股利收入和资本增值），基金吸纳金额的增加和费用的减少。其中，最重要的是投资收益，如果基金经营状况良好，投资收益较高，便会吸引更多的投资者投资该基金，使基金净资产总值的增长高于平均水平。

2. 单位净值变化

基金的单位净值即每份基金单位的净资产价值，等于基金的总资产减去总负债后的余额除以基金发行单位的单位份额总数。

计算公式为：

基金的单位净值=（总资产-总负债）/基金单位份额总数

其中：总资产为基金拥有的所有资产，包括股票、债券、银行存款和其他有价证券等；总负债为基金运作及融资时所形成的负债，包括应付给他人的各项费用，应付资金利息等；基金单位份额总数为当时发行在外的基金单位的总量。

开放式基金的申购和赎回都是以基金单位净值来进行的，封闭式基金的交易价格是买卖行为发生时已确知的市场价格。与此不同,开放式基金的基金单位交易价格则取决于申购、赎回行为发生尚未确定的单位基金资产净值。

3. 先考虑自身风险承受能力,再挑选基金

投资者在选择基金产品时,最重要的是考虑自己的风险承受能力及投资期限,激进型投资者适合将基金的较高比例用于购买风险较高的股票型基金,稳健型投资者则可以考虑均衡投资于股票型基金、债券型基金及货币型基金。保守型投资者则不适宜买入股票型基金。

4. 关注业绩持续性

投资者在分析基金排名时,需要综合分析基金的短期、中期和长期业绩。这种情况下只针对存续期大于三年的基金,投资者应关注其一个月、三个月、一年、两年和三年的各项业绩。通常来说,在三个不同期限业绩均排名靠前的基金,往往后期继续创造优秀业绩的可能性更大。

投资者在关注基金排名时,可以采用"4433法则"来挑选基金。关注长期指标时,第一个4是指选择一年期业绩排名在同类产品前1/4的产品,第二个4代表两年、三年、五年及今年以来业绩排名在同类产品前1/4的基金;关注短期指标时,第一个3是指选择近6个月业绩排名在同类基金前1/3的基金,第二个3代表选择近3个月业绩排名在同类基金前1/3的基金。一般来说,排名长期靠后的基金在判断市场走势与风格、行业配置与精选个股等能力上有所欠缺,或者与所属基金公司整体投研能力偏弱有很大关系,这一类基金不适合投资。

5. 重视指标分析

风险系数和夏普比率是两项经过风险调整后的收益指标，如果一只基金的风险系数低，夏普比率高，说明这只基金在获得高收益的同时只需承担较低风险，基金业绩表现更为稳定，主业研究机构也给这种基金比较好的等级评价。因此，投资者在选择基金时，应将基金排名与上述两个指标结合起来。同时，投资者还应该考虑将基金业绩与比较基准收益率进行比较，如果一只基金的业绩能够长期超过比较基准收益率，可以将之归为投资管理能力比较强的基金。

6. 不可盲目依赖排行榜

对于基金排行榜，投资者应该辩证地看待，正所谓尽信书不如无书，一味地信服排行指数只会让自己缺乏适时应变的判断能力。

首先，每只基金都有自己的风险收益特征，排名靠前的基金所获得的高收益可能对应的是高风险，也就是其回报的不确定性会特别高，对于风险规避型的投资者而言，收益最高的基金未必是最适合的基金。

其次，当一只基金挤进排行榜前列时，其所投资的股票和债券可能早已上涨了一大段，在这个时间节点上买入，自己不但不能享受到这些资产增值的收益，净值损失的可能性反而更大。

基金作为一项具有风险的投资产品，投资者应该仔细研究后，谨慎买入。曾有权威人士说过，你去街上买白菜，还会看看白菜的质地和价格，但是投资的时候，居然如此盲目，别人说哪个赚钱，你就买哪个，别人说哪个好你就买哪个，到头来不仅没有赚到钱，反而把辛辛苦苦攒的本金都亏掉了。

4.4　混合型基金的投资风险

1. 错误的投资心理

很多人买基金之所以亏钱，一个很重要的原因就是他们投资基金的目的是赚大钱，但实际上，无论是基金投资还是股票投资，你很难在短期内赚到大钱，股票市场的逻辑就是缓慢增长或者20%的时间下跌，75%的时间横盘，只有5%的时间是上涨。要么不开张，开张吃三年，但是那是老手的逻辑，新手很可能让那5%的时间成为自己的灾难，因为新手往往是牛市来了才进场，而恰恰那个时候应该是离场的阶段。所以，如果不学习怎么投资基金，就开始投资，那么必亏无疑。投资基金不能保证盈利，靠它赚钱的也很少，所以，对大众投资来讲，将基金作为一种家庭理财工具更为合适，既然是理财工具，当然要拿自己空闲的资金来理，克服错误的投资心理才能控制风险。

2. 对基金认识不够

为什么会强调风险？因为风险是亏钱的主要原因，风险不是冒险，两者要做好区分。想要不亏钱，就要加强对基金的学习，有些人在牛市中持有股票型基金，却损失惨重，有些人只持有混合型基金，却能赚到跑赢市场的收益率，核心就在于有的投资者对于这些基金品种和交易规则烂熟于胸，而有些人只是浅尝辄止。所以，想要赚钱，学习是很重要的方面，当然学习也不止是书本知识，更重要的是在市场中的实践和磨砺。

3. 完全依赖基金的历史表现

基金的历史业绩是比较好的参考，但是很多基金只是今年的冠军，明年就不一定了。所以，在选择基金时不但要考虑基金的历史业绩，更要考虑基金的持仓以及持仓集中度等，树立正确的投资理念，而不是对基金业绩盲目信任。比如，很多在2014年表现好的基金，在2015年之后都表现得比较差。

4. 不能正确地认识基金的分红和价格

基金的分红和价格其实不能够决定基金的收益特性，也不能说明基金的投资业绩，所以，注重基金的价格和分红会加大投资风险。基金分红和上市公司派发股息其实是一个道理，当上市公司有足够的利润和现金时，就会考虑分红，以现金的方式回馈给股东，股价也会因为分配股息而除息降价。

同样的，基金分红也会导致基金净值的减少，相当于将净值以现金的方式提前给到投资者。很多投资者喜欢买低价基金，而实际上，低价基金蕴含着更大的投资风险，基金与股票的价格形成原理有很大的差别，股票的价格可能出现高于其实际收益的虚拟增值，但是基金的价格就是它的实际净值水平，如果不考虑分红因素，过低的价格表示基金的单位净值比较低，不是因为基金业绩不佳，就是因为基金刚成立不久。

第 5 章

股票型基金

○────────────○

➤ 股票型基金的选择

➤ 股票型基金的投资策略

➤ 股票型基金的投资原则

➤ 股票型基金的投资风险

5.1　股票型基金的选择

根据相关规定，80%以上的基金资产投资于股票的基金为股票型基金。每种不同类型的基金都有其特殊之处，所以，其运行方式也不同，股票型基金和其他基金相比，有以下特点：

第一，股票型基金主要投资标的是股票，由于股票的波动性较大，投资者只有非常专业，才可能获得超额收益，而股票型基金由于构建了一个投资组合，具有分散风险的特点，而普通投资者由于资金量小，无法同时买入多只不同类型的股票，而股票型基金完美地规避了这个风险。

第二，股票型基金的投资范围广泛，不仅可以投资更多的股票数量，而且其投资方式、可投资产品更多，既可以追求高回报，也可以追求稳定的红利收入，能够满足多数投资者的需求。

第三，由于股票型基金是由一揽子股票组成的，所以，股票型基金所重仓的股票就显得非常重要，其重仓的股票表现好坏直接决定了基金的收益好坏，所以，投资者在购买股票型基金时，应着重分析所重仓公司的仓位，但是由于股票型基金每一只股票持仓一般不能超过10%，所以风险也会得到缓释。

虽然基金产品资料中关于重仓个股的披露较为延后，但是从基金规模来说，基金很难在短期内将重仓股全部卖出进行大量调仓。比如，有些基金规模很大，调仓难度较大，投资者在购买的时候应充分了解，并分析基金经理的投资策略，特别是基金的前十大重仓股。重仓一些股票的好处是，能够集中力量最大限度地把握市场上涨带来的投资收益，如果市场如预期一般上涨，那么收益会非常惊人，但是如果市场不如预期，那么损失会非常吓人。

股票基金是一揽子股票的组合，所以，股票型基金和单一的一只股票有许多不同之处。股票的价格每个交易日都在不断地变动，股票基金净值的计算每天只有一次，因此每一个交易日股票基金只有一个价格，股票价格由于投资者买卖数量的大小和强弱对比而产生影响，股票基金净值不会受到买卖数量或者申购数量多少的影响。

人们在投资股票时，一般会根据上市公司的基本面，如财务状况、产品的市场竞争力和盈利预期等方面的信息对股票的价格做出合理性判断，但却不能对股票基金份额净值进行合理与否的评判。因此，对基金份额净值高低进行合理与否的判断没有意义，因为基金份额净值是由持有证券价格决定的。单一股票的投资风险较为集中，且投资风险较大，股票型基金由于分散投资，投资风险低于单一股票的投资风险。但是从风险来源看，股票型基金增加了基金经理投资的委托代理风险。

在股票市场上，只有10％的人能够盈利，但是在基金市场上，我们却从来没有听说过，谁投资基金亏得如此厉害，因为基金的风险比股票小了很多。相关股票型基金举例如下图所示。

序号	基金代码	基金简称	日期	单位净值	累计净值	日增长率	近1周	近1月	近3月	近6月	近1年
1	005669	前海开源公用	11-26	3.4999	3.4999	0.87%	1.82%	6.58%	10.64%	98.32%	162.11%
2	001245	工银生态环境	11-26	3.0280	3.0280	3.17%	0.26%	1.24%	7.15%	77.39%	108.40%
3	009147	建信新能源行	11-26	2.9656	2.9656	2.28%	1.37%	2.04%	9.03%	70.52%	111.07%
4	005927	创金合信新能	11-26	3.7105	3.7105	2.97%	4.10%	-1.34%	-2.57%	66.55%	117.48%
5	005928	创金合信新能	11-26	3.6167	3.6167	2.97%	4.09%	-1.40%	-2.74%	65.97%	115.99%
6	011146	创金气候变化	11-26	1.6881	1.6881	2.82%	4.22%	-1.28%	-2.23%	64.84%	---
7	011147	创金气候变化	11-26	1.6821	1.6821	2.82%	4.21%	-1.31%	-2.32%	64.51%	---
8	006081	海富通电子传	11-26	3.6826	3.6826	-0.19%	1.48%	9.54%	8.14%	63.74%	78.95%
9	006080	海富通电子传	11-26	3.5653	3.5653	-0.20%	1.47%	9.47%	7.92%	63.09%	77.53%
10	000828	泰达转型机遇	11-26	3.9170	4.1370	2.01%	-0.13%	3.71%	3.46%	62.60%	118.46%

基金公司作为与银行券商并列的金融机构，涉及业务范围广，公司规模庞大，要想评价考核基金公司，就必须从多个角度出发，主要是基金公司的产品线，基金公司的评级和基金公司的排名。其中，基金公司评级和基金公司排名都是借助于外界的分析对基金公司进行考核，只有产品线是基金公司经营水平最真实的反映，也是与投资者利益息息相关的因素。

5.1.1　基金公司的产品线

考核基金公司，首先需要关注基金公司是否具有健全、完善的基金产品体系，在股票型基金、混合型基金、债券型基金、货币型基金、保本型基金及涉及境外投资的基金产品是否有着广泛的布局。其中涉及境外交易的基金产品，如QDII基金，其产品的收益率高低很难说明基金的投资能力和创新能力。

在健全完善的基金产品体系中，基金公司还应该有所侧重，有自己的特色，才能被市场记住和认可，比如华夏基金公司的华夏大盘基金、天弘基金公司的货币基金，都是大众熟知的产品。

产品体系完善的基金公司可以为投资者提供更全面周到的服务，即使投资者拥有迥异的投资需求也能在同一基金公司中找到适合自己的基金产品。下图为博时基金管理有限公司相关情况介绍。

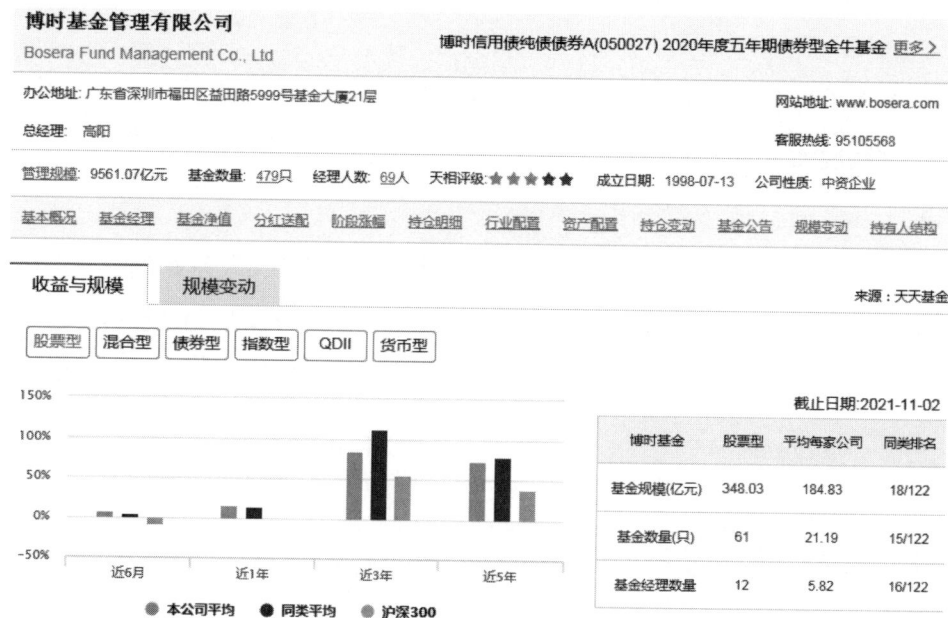

博时基金管理有限公司
Bosera Fund Management Co., Ltd

博时信用债纯债债券A(050027) 2020年度五年期债券型金牛基金 更多 >

办公地址：广东省深圳市福田区益田路5999号基金大厦21层　　网站地址：www.bosera.com

总经理：高阳　　客服热线：95105568

管理规模：9561.07亿元　基金数量：479只　经理人数：69人　天相评级：★★★★★　成立日期：1998-07-13　公司性质：中资企业

基本概况　基金经理　基金净值　分红送配　阶段涨幅　持仓明细　行业配置　资产配置　持仓变动　基金公告　规模变动　持有人结构

收益与规模　　规模变动　　　　　　　　　　　　　　　　来源：天天基金

股票型　混合型　债券型　指数型　QDII　货币型

截止日期:2021-11-02

博时基金	股票型	平均每家公司	同类排名
基金规模(亿元)	348.03	184.83	18/122
基金数量(只)	61	21.19	15/122
基金经理数量	12	5.82	16/122

本公司平均　同类平均　沪深300

5.1.2　基金公司的评级

基金公司的评级主要是指第三方基金评级机构收集有关信息，通过科学定性、定量的分析，依据一定的标准，对基金公司的经营、风险控制和产品创新等多方面进行综合分析，最终根据其基金产品的表现对基金公司进行评级。

国内权威的基金评级机构有银行证券基金评级、晨星网及海通证券等。一般来说，基金公司有五个评级，最高的是五星，最低的可以低至一星。评级越高，说明该基金公司的综合表现越优异，购买其旗下的基金也就越可靠。基金公司管理的资产规模越大，运作难度也就越大，资金的规模优势在达到一定程度后会成为负担，只有在基金管理规模达到一定程度的情况下，仍能保持较高的基金评级，才能说明基金公司在发展过程中，不断创新，盈利能力值得信赖。

5.1.3　基金公司的排名

基金公司的排名不应该仅仅是管理规模的排列，2020年排名前十位的基金公司概况如下图所示。

序号	基金公司	相关链接	成立时间	天相评级	全部管理规模(亿元) ◆	
1	易方达基金管理有限公司	详情 公司吧	2001-04-17	★★★★★	14,091.16	04-20
2	天弘基金管理有限公司	详情 公司吧	2004-11-08	★★★★☆	12,133.38	04-22
3	广发基金管理有限公司	详情 公司吧	2003-08-05	★★★★☆	9,582.94	04-20
4	汇添富基金管理股份有限公司	详情 公司吧	2005-02-03	★★★★★	9,150.86	03-31
5	南方基金管理股份有限公司	详情 公司吧	1998-03-06	★★★★★	8,705.63	04-20
6	华夏基金管理有限公司	详情 公司吧	1998-04-09	★★★★☆	8,591.07	04-20
7	博时基金管理有限公司	详情 公司吧	1998-07-13	★★★★☆	8,529.49	04-22
8	嘉实基金管理有限公司	详情 公司吧	1999-03-25	★★★★★	7,621.47	03-31
9	富国基金管理有限公司	详情 公司吧	1999-04-13	★★★★★	7,033.46	04-23
10	工银瑞信基金管理有限公司	详情 公司吧	2005-06-21	★★★★★	6,839.00	04-26

5.2　股票型基金的投资策略

在投资股票时，投资者可以借助每股收益和市盈率等分析指标对股票投资价值进行分析，同样，对股票基金的分析也有一些常用的分析指标，比如反映基金经营业绩的指标、风险大小的指标、基金组合特点的指标等。

5.2.1　反映基金业绩的主要指标

反映基金业绩的主要指标包括基金分红、已实现收益和净值增长率等。其中净值增长率是最重要的分析指标，分析基金和分析股票是一样的，如果让你看公司的财报，你可能看不懂或者看得模棱两可，但是如果让你看财务指标，一家公司的好坏立见。同样，想要看出基金业绩好坏，必须通过看反映基金业绩好坏的指标。基金分红是基金投资收益的派现形式，分红的多少主要受基金管理公司分红政策、已实现收益和留存收益的影响。但是基金分红并不能全面反映基金的实际表现，如果基金只卖出有盈利的股票，保留因亏损被套的股票，已实现收益可能很高，但基金的浮动亏损可能更大，基金最终可能是亏损的，因此，分红和已实现收益不能很好地反映基金的经营成果。

什么才是反映基金结果的最好指标呢？净值增长率对基金的分红、已实现收益和未实现收益都进行了考虑，因此是最能反映基金经营成果的指标。净值增长率越高，说明基金投资的效果越好，但是如果单纯地考察一只基金本身的净值增长率说明不了什么问题，通常情况下还应该将基金的净值增长率与业绩基准、同类基金的净值增长率做对比，这样才能对基金的投资效果进行全面评价。

股票基金相对于其他类型的基金风险更大，在进行投资时，首先要看基金的投资取向是不是适合自己，特别是新基金公司发行的新产品，之前没有任何历史来证明它们的业绩，更需要我们投资的时候慎之又慎。基金的不同投资风格决定了基金在未来运作过程中的风险和收益程度，投资者不要看某只基金收益高就买入，我们选择的基金应该与自己的投资目标相一致。投资者如果偏保守，那么选择投资对象为大盘股的股票型基金，如果投资承受能力比较强，能够承受更大的波动，那么可以选择一些投资于中小板和创业板的股票型基金。

5.2.2 股票基金的买入时机

股票基金80%以上的资产投资于股票市场，所以，股票市场的好坏直接影响基金业绩的好坏，而直接影响股票市场好坏的因素就是大盘指数。在选择股票型基金时，绝不能忽视的因素就是大盘指数。就像股民炒股时不能脱离大盘去炒个股一样，选择股票型基金也要以大盘为基准。大盘经过长时间的上涨处于高位时，选择买入基金要慎重，因为整个市场处于疯狂中。很多购买基金的人之所以亏损，很重要的一个原因就是在市场已经无理性上涨的时候进入，结果损失惨重，由此得出一个结论，基金不能买，买了也赚不了钱。

例如，2013年和2014年，牛市尚未启动时，参与到股票市场的投资者非常少。但是当进入2015年，大量的投资者在市场疯狂时高位进场，在市场下跌后绝望斩仓离场。

很多投资者认为，牛市来了，就应该赚钱。投资要等到大牛市来临，然后赚大钱。但是事实却是，牛市恰恰是投资者亏钱的主要根源，判断市场涨跌的时间点非常困难，成功概率很低，牛市上行时的收益很可观，但是却很难去产生真实的收益，相反追涨杀跌带来的风险更高，收益也更加不确定。

下图所示为2015年1—9月的K线图，在几个月的时间内，上证指数经历了一波冲高回落的大反转行情，上证指数最高上冲到5 178.19点，之后开始回落，跌幅较大。在上证指数大幅度下跌时，股票投资者不断地亏损，几乎处于绝望之中，而对于基金投资者而言，下跌企稳后，恰恰是基金的购买时机。

5.2.3　基金重仓股结构分析

在购买股票型基金时，一定要看一只股票基金所重仓的股票结构，虽然基金档案中关于基金产品重仓的个股信息较为滞后，但是从基金的规模上来看，以及从其投资风格上来看，基金经理所重仓的股票投资策略是一样的。特别是基金的前十大重仓股，下图所示为前海开源公用事业股票型基金（005669）前十大重仓股票。

股票持仓	债券持仓		更多
股票名称	持仓占比	涨跌幅	相关资讯
亿纬锂能	8.32%	-0.29%	股吧
中国电力	7.54%	-0.50%	股吧
华润电力	6.55%	-0.65%	股吧
龙源电力	5.78%	1.78%	股吧
法拉电子	5.73%	-0.59%	股吧
华能国际电	5.69%	-0.78%	股吧
比亚迪股份	5.57%	0.67%	股吧
宁德时代	5.12%	-2.39%	股吧
中科电气	3.34%	0.95%	股吧
新天绿色能源	3.33%	1.46%	股吧
前十持仓占比合计：	56.97%		
持仓截止日期：2022-03-31		更多持仓信息>	

前十大重仓股比例高的优势在于能够集中力量最大限度地把握市场上涨带来的投资收益，如果市场能够如预期一样上涨，收益将十分可观；如果上涨预期不一致，也会有大幅的回撤。该基金的重仓股有港股、中小板股票，也有创业板股票，当然这个仓位是不断变化的。同时，如果投资这只基金，还要分析每一只个股的基本面，比如研究一下利润、收入等关键指标的变化情况。

5.2.4 分析个股的行业前景

在对一只股票进行分析时，作为散户投资者，一定要明白，这家公司是做什么的，如果不明白一家公司的主营业务是什么，我们很难去分析一家公司。而我的要求是一句话就能说出这家公司的产品和行业地位，只有这样，在投资的时候才能立于不败之地。

从下图可以看出，北京石头世纪科技股份有限公司的主营业务是智能清洁机器人等硬件产品的生产。我们投资一家公司就是要分析一家公司主营业务所处的行业地位，分析这个行业是不是有行业前景。比如最近两年，和消费相关的行业开始崛起。

主营业务：	智能清洁机器人等智能硬件的设计,研发,生产(以委托加工生产方式实现)和销售。			输入问句，你想知道的都在这里	
产品名称：	智能扫地机 ➕ 、手持吸尘器				
控股股东：	昌敬 (持有北京石头世纪科技股份有限公司股份比例：23.20%)				
实际控制人：	昌敬 (持有北京石头世纪科技股份有限公司股份比例：23.20%)				
最终控制人：	昌敬 (持有北京石头世纪科技股份有限公司股份比例：23.20%)				
董事长： 昌敬		董 秘： 孙佳		法人代表： 昌敬	
总经理： 昌敬		注册资金： 6680.63万元		员工人数： 684	
电 话： 86-010-50972025		传 真： 86-010-50972025		邮 编： 100085	
办公地址： 北京市海淀区黑泉路8号1幢康健宝盛广场C座六层6016、6017、6018号					
公司简介： 北京石头世纪科技股份有限公司主营业务为智能清洁机器人等智能硬件的设计、研发、生产(以委托加工生产方式实现)和销售，其主要产品为小米定制品牌"米家智能扫地机器人"、"米家手持无线吸尘器"，以及自有品牌"石头智能扫地机器人"、"石头手持吸尘器"和"小瓦智能扫地机器人"。公司是国际上将激光雷达技术及相关算法大规模应用于智能扫地机器人领域的领先企业。					

每一个行业都是有一定生命周期的，要分析一家公司处于行业生命周期的哪个阶段，行业生命周期大致分为成长期、扩张期和停滞期。

成长期：行业处于成长中，技术不断创新，发展前景光明，吸引多家公司投入该行业，企业需要大量资金进行技术创新和新产品的创新研发，所以有将市值做大的需求。经过一段时间的竞争后，一些公司的产品逐渐被市场接受，在成长期中，技术的创新非常重要，企业的利润在后期会非常可观，但是短期风险大，股价波动大。

扩张期：进入扩张期的行业，会有几家公司处于龙头地位或者行业领先地位，这些公司凭借积累的资本优势和技术优势，已经能够获得庞大的经济效益。然后就是扩大产品或者服务的销售量，并随着经营规模的扩大，在不断缩减成本的同时，提高利润率，这段时间内公司的股价会处于稳定上升阶段。

停滞期：在停滞期内，市场需求已经趋于饱和，产业技术的更新换代使得该行业的成长开始受阻，产量和销售量都开始萎缩，行业内部开始出现价格竞争，行业利润开始下降，在此阶段内的上市公司股价表现一般，出现下跌的概率较大。

5.2.5　分析个股的基本面

对于价值投资者来说，基本面非常重要，其中基本面包括经营、管理、产品的竞争力、行业地位、盈利能力、估值等。

盈利能力：是指公司收入的来源，即通过什么样的模式和渠道来赚钱，它主要分析公司的收入是如何产生的，需要哪些成本和费用，在进行盈利能力模式分析时, 不能仅仅了解公司的主营业务是什么, 还要了解它的利润是如何实现的, 在了解产品和服务是什么后, 还要明白这些产品靠什么来运作, 在同行业市场中的占有率如何。

产品竞争力: 主要分析预测上市公司主要产品和服务的市场前景和盈利能力的变化趋势, 这是上市公司未来成长性和盈利能力的主要来源, 也是评判其发展潜力的主要标准。在产品分析中, 产品的技术优势、成本优势及品牌都是关键因素。

经营管理风格: 对公司管理人员的素质分析和能力分析是公司经营管理分析的重要组成部分, 其次需要分析公司的管理风格和经营理念, 主要是其经营中的举债情况, 如果其举债严重, 则要注意公司的经营风险和财务状况。

下图所示为前海开源股票型基金第三季度持仓。

序号	股票代码	股票名称	最新价	涨跌幅	相关资讯	占净值比例
1	00836	华润电力	18.16	-1.63%	变动详情 股吧 行情	7.94%
2	300014	亿纬锂能	127.19	-3.34%	变动详情 股吧 行情	7.83%
3	01211	比亚迪股份	294.00	-2.00%	变动详情 股吧 行情	7.05%
4	00902	华能国际电力股份	3.41	-1.16%	变动详情 股吧 行情	5.68%
5	600563	法拉电子	225.07	-6.95%	变动详情 股吧 行情	5.08%
6	02380	中国电力	3.58	-6.53%	变动详情 股吧 行情	5.04%
7	300750	宁德时代	620.00	-3.28%	变动详情 股吧 行情	4.72%
8	01811	中广核新能源	6.11	-3.63%	变动详情 股吧 行情	4.45%
9	300035	中科电气	33.97	-7.51%	变动详情 股吧 行情	3.87%
10	00956	新天绿色能源	5.70	-1.04%	变动详情 股吧 行情	3.79%

下图所示为亿纬锂能的基础资料。

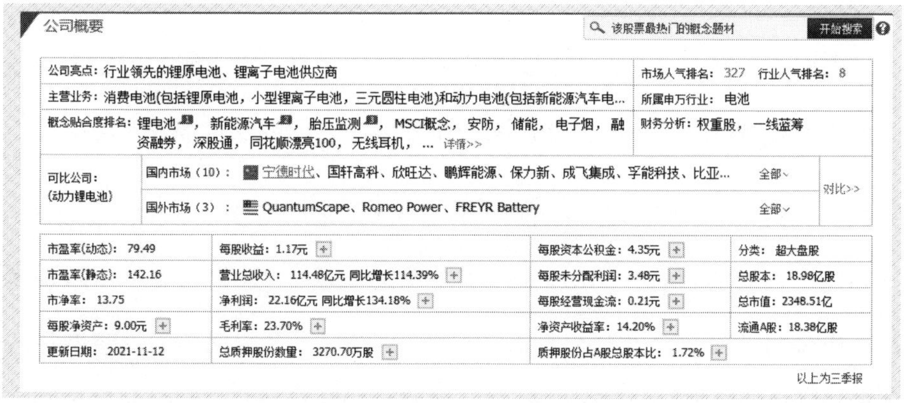

公司概要　　该股票最热门的概念题材　开始搜索

公司亮点：行业领先的锂原电池、锂离子电池供应商	市场人气排名：327　行业人气排名：8
主营业务：消费电池(包括锂原电池，小型锂离子电池，三元圆柱电池)和动力电池(包括新能源汽车电…	所属申万行业：电池
概念贴合度排名：锂电池，新能源汽车，胎压监测，MSCI概念，安防，储能，电子烟，融资融券，深股通，同花顺漂亮100，无线耳机，… 详情>>	财务分析：权重股，一线蓝筹

可比公司：(动力锂电池)	国内市场（10）：宁德时代、国轩高科、欣旺达、鹏辉能源、保力新、成飞集成、孚能科技、比亚… 全部	对比>>
	国外市场（3）：QuantumScape、Romeo Power、FREYR Battery 全部	

市盈率(动态)：79.49	每股收益：1.17元	每股资本公积金：4.35元	分类：超大盘股
市盈率(静态)：142.16	营业总收入：114.48亿元 同比增长114.39%	每股未分配利润：3.48元	总股本：18.98亿股
市净率：13.75	净利润：22.16亿元 同比增长134.18%	每股经营现金流：0.21元	总市值：2348.51亿
每股净资产：9.00元	毛利率：23.70%	净资产收益率：14.20%	流通A股：18.38亿股
更新日期：2021-11-12	总质押股份数量：3270.70万股	质押股份占A股总股本比：1.72%	

以上为三季报

从上图可以看出，亿纬锂能（300014）主要从事消费电池和动力电池的生产和销售，动态市盈率为79.49倍，每股收益为1.17元，营业总收入为114.48亿元，同比增长114.39%。通过查看个股的资料，就能够分析出一家公司的经营变化情况，从而分析一只基金的重仓股是否具有投资潜力。

5.3　股票型基金的投资原则

首先打开微信理财通或者蚂蚁财富，会有一个股票型基金的排行，然后查看其股票型基金的档案，一般情况下，我比较青睐于消费型股票基金或者医药型股票基金。因为从历史来看，消费和医药是最容易出现牛股的地方，科技也容易出牛股，但是踩雷的可能性也更大，当然这要看你的能力圈是什么。有些领域是我擅长的，但是不一定是你擅长的，一定要找到自己的能力圈，这样更容易赚到钱。

股票可以进行短线操作，但是股票型基金却不适合短线操作，对于个人投资者来说，应该选择一只业绩稳定的股票型基金，保持长期持有，同时积极关注该类基金中的业绩表现，不能因为股票型基金净值的一点点波动，就马上赎回基金,否则短线操作的股票型基金就会错过大部分的收益,因为股市中散户众多,所以总是牛短熊长。

国内股票型基金众多,我更倾向于让大家先配置一定比例的指数型基金,适当配置一些规模较小、具备增长潜力和分红潜力的成长型股票基金。

投资者购买了一只基金,就意味着成为该基金所投资上市公司的股东,可能获得两个方面的利润:一是股票价格上涨的收益,即通常所说的资本利得;二是上市公司以股利形式分给股东的利润,即通常所说的分红。股票型基金虽然有时候在短期内落后于市场,但是只要其长期表现稳定,投资者不应频繁调整,以免交易成本上升,净值表现落后于大盘。

股票型基金和指数型基金虽然都属于股票型基金,但是股票型基金更需要看基金经理的投资策略,所以,在选择股票型基金时要看基金经理是谁,投资风格是什么,这将直接决定了股票型基金的收益。

市场中有不少老基金,运营时间在5年以上,在长时间的运营过程中,会得到投资者或好或坏的评价,形成基金的口碑,投资者可以作为参考依据来选择股票型基金。下图为长城品牌优选混合(200008)的净值及持仓情况。

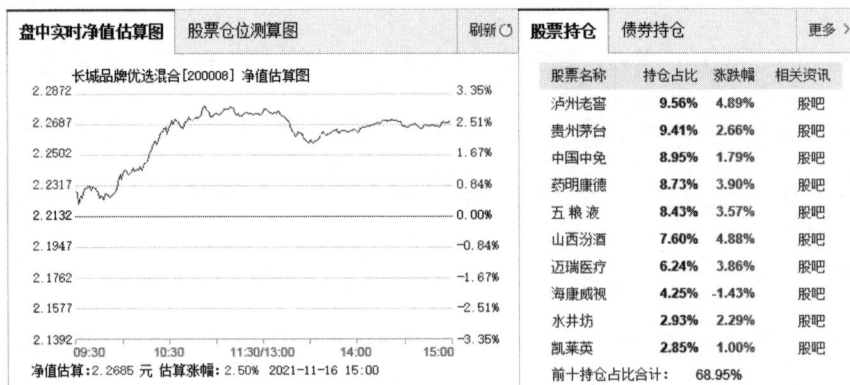

盘中实时净值估算图	股票仓位测算图	刷新 ↻		股票持仓	债券持仓		更多 >

长城品牌优选混合[200008] 净值估算图

						股票名称	持仓占比	涨跌幅	相关资讯
2.2872					3.35%	泸州老窖	**9.56%**	4.89%	股吧
2.2687					2.51%	贵州茅台	**9.41%**	2.66%	股吧
2.2502					1.67%	中国中免	**8.95%**	1.79%	股吧
2.2317					0.84%	药明康德	**8.73%**	3.90%	股吧
2.2132					0.00%	五粮液	**8.43%**	3.57%	股吧
2.1947					-0.84%	山西汾酒	**7.60%**	4.88%	股吧
2.1762					-1.67%	迈瑞医疗	**6.24%**	3.86%	股吧
2.1577					-2.51%	海康威视	**4.25%**	-1.43%	股吧
2.1392					-3.35%	水井坊	**2.93%**	2.29%	股吧
	09:30	10:30	11:30/13:00	14:00	15:00	凯莱英	**2.85%**	1.00%	股吧

净值估算:2.2685 元 估算涨幅:2.50% 2021-11-16 15:00

前十持仓占比合计: 68.95%

5.4　股票型基金的投资风险

1. 换手率高的风险大

换手率也称为周转率，是指一段时间内市场中的股票转手买卖的频率，是反映股市流动性强弱的指标之一。换手率根据样本总体的性质不同有不同的指标类型，如交易所所有上市股票的总换手率，基于某单只股票发行数量的换手率及基于某机构组合的换手率等，需要关注的是基金持有股票组合的换手率，换手率越高，说明该基金交易越频繁，由此带来的交易风险也就越大，较高的换手率也是基金操作风格灵活的表现，而较低的换手率说明基金的操作风格相对稳健，比较注重通过买入并持有的策略为投资者创造收益。

如果在行业轮动较快，个股表现活跃的环境中，换手率高的基金总体来讲更具优势，因为这一类基金的投资风格更加灵活主动，更倾向于通过波段操作及把握市场热点来提高基金的收益水平。但是在震荡下行的市场环境中，这类基金表现远不如那些换手率低的基金，因为在市场下跌的过程中，高换手率的基金被频繁地进行调整，机会成本和交易成本均会增加，而且如果调整结果不理想，更会直接加速基金净值的损失。

因此，投资者需要特别注意的是，警惕换手率持续走高，业绩持续下滑的基金。这些基金可能存在两个方面的问题：一是基金经理没有自己独特的风格，或者操作追涨杀跌，造成业绩不达预期；二是因为受到申购赎回的冲击，被动买卖股票导致的。基金的股票换手率是基金买卖风格的表现，从中长期看，换手率和业绩没有太大的相关性，但是和基金的风险却有很大的关系。

2. 通过持股比例来判断风险

在分析风险较大的股票型基金时，可通过对基金的重仓比例进行分析，主要是前十大重仓股的比例之和，以及十大重仓股的比例分布。如果前十大重仓股的比例之和过大，则表明该基金的投资对象比较集中，风险也会集中，由此带来更大的风险。同时如果内部重仓股分布不均匀，大量的资金集中在少数几只股票，也会形成较大的风险。

根据《中华人民共和国基金法》的规定，基金持有单一个股的比例不能超过10%，但是在市场中投资者偶尔能够发现某只基金的持股比例超过10%，这是由于该基金持有单一个股的比例高，通常在9%以上，在股票价格持续下跌的过程中，市场流动性紧张，上市公司为了应对股票大幅下跌而选择停牌，基金中的股票无法被卖出，造成了持股比例超过10%。

3. 集中度反映基金风险

行业集中度又称为行业集中率或者市场集中度，是指行业的相关市场内前 N 家最大的企业所占有的市场份额产值、产量、销售额、销售量、职工人数和资产总额等的总和。它是整个行业的市场结构集中程度的测量指标，用来衡量公司的数目和相对规模的差异，是市场势力的重要量化指标。将行业集中度用于衡量基金的风险，则主要是分析基金的持仓个股中的行业分布，如果持仓个股大比例地分布在一个行业中，一旦这个行业发生风险，那么基金的亏损会比较大，如果股票市场处于上涨趋势中，基金经理会将大部分资金投入涨幅居前的行业中，造成行业集中度极高，这会使基金短期内的业绩非常突出，但是过了一段时间，基金的回撤会非常严重。

第 6 章

指数型基金

- ➤ 指数型基金的分类

- ➤ 如何挑选指数型基金

- ➤ 懒人定投策略

6.1　指数型基金的分类

指数型基金一般按照宽基指数和行业指数进行分类，比如消费行业指数型基金，主要投资消费行业的公司，这种指数型基金就是行业指数型基金，而像沪深300指数型基金，它并不限制行业，包括各行各业的股票，所以叫作宽基指数型基金，下面介绍常见的宽基指数型基金（见下图）。

1. 上证50指数基金

上证50指数是从上交所挑选沪市规模最大、流动性最好、最具有代表性的50只股票组成样本股，以综合反映沪市最具影响力的一批优质大盘企业的整体情况。上证50指数简称上证50，代码是000016，从2003年12月31日的1 000点起步，2004年1月2日开始发布指数。编制上证50指数的目的是反映上交所的大盘股走势，所以，上证50挑选的都是以大盘股为主的股票。这些大盘股票都是关乎国计民生的大公司的股票，一般是国家控股或者行业里的龙头公司的股票。

目前追踪上证50指数的指数型基金有很多，比如天弘上证50指数A、易方达上证50指数A等。上证50的缺陷是只有上海证券交易所（以下简称"上交所"）的股票，没有深交所的股票，所以没有办法反映国内股市整体的走势，因为深交所也是国内非常重要的一个股票交易所。

2. 沪深300指数

沪深300指数基金简称沪深300，是由中证指数公司开发的，从上交所和深交所挑选规模最大、流动性最好的300只股票，它的成分股也主要是大公司。沪深300从市场规模上看，占国内股市规模的60%以上，比较有代表性，所以沪深300也被称为最具有代表性的指数。沪深300交易代码有两个，分别为000300和399300。

因为沪深300同时包含了上海证券交易所和深圳证券交易所的股票，所以有两个代码。沪深300指数是从2004年12月31日的1 000点开始的。

沪深300指数是A股中最具代表性、最有影响力的指数，几乎每家基金公司都有针对沪深300的指数基金，目前市面上的沪深300指数基金已一百余只。

3. 中证500指数

将全部沪深300指数的300家公司排除，然后将最近一年日均总市值排名前300名的公司也排除，在剩下的公司中，选择日均总市值排名前500名的公司，就是中证500指数。中证500和沪深300，没有重合，是国内中型公司的代表。其代码为000905和399905。它也是从2004年12月31日的1 000点开始的。

4. 创业板指数

创业板成立的时间比较短，2009年10月30日正式上市，目的是为中小型公司、创业型公司、高科技公司提供一个上市融资渠道。与创业板相对的就是主板市场，主板对于发行人的营收、净利润、股本等都有更严格的要求，上市公司多为大型成熟公司。如果从这个角度看的话，投资创业板的风险明显大于投资主板的风险。

创业板相关的指数有两个：一个是创业板综指；另一个是创业板指数。创业板综指是为了衡量创业板所有上市公司的股价平均表现而设立的，代码是399102，它包括创业板所有的上市公司。而创业板指数是为了衡量创业板最主要的100家公司的平均表现而设立的，代码是399006。创业板指数限制成分股的数量，只从创业板公司中挑选出规模最大、流动性最好的100只股票。

除此之外，创业板还有一个指数，叫作创业板50指数，是从创业板指数的100家企业中，再挑选出流动性好的50家，相当于创业板的上证50，创业板50

指数的代码是399673。

在这三个指数中，被开发成指数基金产品的主要是创业板指数和创业板50指数。因为创业板的上市公司，本身大多规模比较小，盈利不稳定，容易暴涨暴跌，所以投资时要有心理准备。

5. 红利指数

上证50、沪深300、中证500、创业板，它们虽然都有各自的特点，挑选股票的范围也不一样，但是它们都有一个共同的特点，就是它们是按照市值来进行加权的，即股票规模越大，权重越大。除了市值加权外，还有一种是策略加权，我们介绍的红利指数就是其中的一种。

它不是按照市值的方式来决定权重的大小，而是按照股息率来决定权重，哪只股票的股息率高，哪只股票的权重就越大。所以，有的股票市值虽然小，但是分红高，红利指数反而更高一些。

股票的分红分配的是公司利润的一部分，公司一年里赚到的盈利，然后用来分红，股票价格长期上涨的趋势不会改变，同时随着公司盈利的不断增加，分红也应该不断地增加。

红利指数又分为上证红利指数和中证红利指数，上证红利指数从2004年的1 000点开始，挑选过去两年平均现金股息率最高的50只股票，指数代码为000015，因为上交所高股息率的股票，大部分是大盘股，所以，上证红利指数大部分也是以大盘股为主。

中证红利指数由中证指数公司编制，同时从上交所和深交所挑选过去两年平均现金股息率最高的股票，成分数量扩大到100只，代码是000922或者399922，它也是从2004年12月31日的1 000点开始的。深证红利指数成分股范围是深交所的高现金股息率股票，成分股不超过40只，深证红利指数是红利系列指数中最早推出的，于2002年12月31日推出，起点是1 000点，代码是399324。

6. 基本面指数

基本面是一家公司运营的各个方面，比如营业收入、现金流、净资产、分红等，其中最著名的是中证基本面50指数，这个指数按照4个基本面指标，挑选出综合排名最靠前的50家公司，比如一家公司的营业收入是100亿元，用它除以全部样本公司营业收入之和，得出一个百分比，然后用同样的方法计算出现金流、净资产、分红的百分比，用这四个百分比求平均数，再乘以10 000 000，就得到了这只股票的基本面得分。

按照基本面得分从大到小的排名，取前50名，这就是中证基本面50指数了。基本面50指数是从2004年12月31日的1 000点开始的，指数代码为000925或者399925。

7. 行业指数基金

上面提到的指数，比如上证50、沪深300等，都是挑选了各行各业的股票，它们是按规模或者市值等进行挑选的，并没有考虑行业的问题，它们都是囊括了各行各业的股票，并不限制行业，这样的指数叫作宽基指数。除宽基指数外，还有一类基金是投资于单一的行业，比如嘉实新能源新材料股票等，这类基金在市场上也占有很大的比例，很显然投资行业基金的难度要大于投资宽基指数的难度。摩根士丹利和标普在2000年联合推出了全球行业分类标准，将行业分为10个一级行业、24个二级行业和67个子行业，并建立了行业指数。其中最主要的10个一级行业分别是：

（1）材料：金属、采矿、化学制品等；

（2）可选消费：汽车、零售、媒体、房地产等；

（3）必需消费：食品、烟草、家居等；

（4）能源：能源设备与服务、石油天然气等；

（5）金融：银行、保险、券商等；

（6）医药：医疗保健、制药、生物科技等；

（7）工业：航空航天、运输、建筑产品等；

（8）信息：硬件、软件、信息技术等；

（9）电信：固定线路、无线通信、电信业务等；

（10）公共事业：电力、天然气、水等。

这10个一级行业，每一个都是现代社会不可或缺的重要组成部分，除了这10个标准行业外，还有就是按照某种特定的主题来划分，比如养老行业、环保行业、军工行业、健康行业等，你经常在市面上听到的题材股就是这一类。

如果用投资的角度分析就是有些行业天生就是容易赚钱的，但是有些行业就是明显的周期性行业，靠天吃饭，所以，两者赚钱的逻辑是不一样的。

有一个宽基指数叫作中证800，它是沪深300加中证500的组合，沪深300挑选了中国上市公司规模最大的300家公司，中证500挑选了除沪深300外，规模最大的500家，两者结合起来就是规模最大的800家公司。

中证800一级行业指数把800家公司按照各自的行业，划分成10个一级行业指数，从2004年12月31日的1 000点开始，截至目前，各行各业的涨跌不一，涨幅最好的是中证消费和中证医药，消费行业又分为必需消费和可选消费。

必需消费就是我们日常生活中离不开的日常生活用品，比如饮料、酒、农副产品等。巴菲特最爱这一类的股票，比如喜诗糖果、可口可乐、生产番茄酱的亨氏食品、生产剃须刀的吉列等，都是必需消费行业的公司。目前A股中的消费行业指数主要有以下四种：

（1）上证消费指数：从上交所挑选必需消费行业的公司。

（2）上证消费80指数：从上交所挑选80家规模最大的必需消费行业公司。

（3）中证消费指数：从中证800，也就是沪深300和中证500中挑选必需消费行业公司。

（4）全指消费指数：从所有的上市公司中挑选必需消费行业公司，覆盖范围最广。

医药行业也是非常优秀的行业，人会生老病死，所以，医药行业是人类的基本需求，这个需求不会因为经济不景气、自然灾害等原因减少，在绝大多数国家里，时间越长，医药行业的重要性越会凸显出来。

比如，从1983—2012年，日经指数上涨114%，同期日本医药指数上涨312%，具体到日本经济衰落的几十年里，也就是1992—2012年，日经指数下跌25.6%，而医药指数却上涨了92%。

同时医药行业也是逆周期行业，当宏观经济不好的时候，医药行业整体表现要好于宏观经济，目前市场上的医药指数有以下几种：

（1）中证医药指数：又称为中证800医药指数，是从中证800指数中挑选医药行业的股票。

（2）中证医药100指数：挑选了100家大型医药股，每只股票买入相同的金额。

（3）上证医药指数：只投资上交所的医药行业公司。

（4）全指医药指数：从整个A股中挑选医药行业，它覆盖的医药公司是最全的。

（5）细分医药指数：挑选了医药行业细分领域的主要公司。

（6）300医药指数：挑选了沪深300指数里的医药行业公司。

（7）500医药指数：挑选了中证500指数里的医药行业公司。

在众多的行业里，除了上面提到的消费和医药行业外，我还比较看好的细分行业是白酒、家电、银行、保险及房地产。这些行业的特点是利润高，产品容易标准化，利润一般也比较稳定，特别是经过这么多年的发展后，行业龙头公司显现。但是有些行业在投资的时候，踩雷的可能性较高，如农业板块，农业一般具有投资周期长、见效慢，而且容易看天吃饭等特点，如獐子岛的扇贝等。很多人去炒作科技股，如5G概念、半导体、人工智能、数字货币等，科技确实是人类的未来，如果投资的话，必须在自己的能力圈范围之内进行，这样才能赚到钱，但是科技股的利润不稳定，成长性有时候会达不到预期，踩雷的可能性也很大。所以，投资行业一定是先学习，后投资。而选择指数型基金的好处就是因为指数型基金相对简单，指数的连续性，更有利于我们投资，减少了选择成本。

6.2　如何挑选指数型基金

大家都知道巴菲特，投资非常成功，巴菲特能够做到这么成功，和拜师学艺有很大的关系，他拜价值投资鼻祖格雷厄姆为师，然后结合自己在资本市场的实践，不断地改进优化投资理论方法，才成就了今天的巴菲特。巴菲特的老师格雷厄姆对价值投资的三大贡献分别是价格与价值的关系、能力圈和安全边际。

格雷厄姆说过，股票是有其内在价值的，股票的价格总是围绕着其内在价值上下波动。而巴菲特对此有着更加形象的比喻，股价就像一只跟着主人散步的小狗，主人沿着马路前进，小狗一会儿跑到主人前面，一会儿又跑到主人后面，但是当主人走到目的地的时候，小狗也能到达目的地。这段话的意思是股价有时候上下波动、暴涨暴跌，甚至会上涨或者下跌超过10%，但是公司的经营会在一天之内出现10%以上级别的波动吗？很显然不会。也就是说，尽管股票的价格在短期之内暴涨暴跌，但是长期之内，还是会围绕着它的价值上下波动。

第二是能力圈。意思是我们要能够看懂想要投资的行业和公司，并且能够判断出它的价值，这样才能拿得住，高了把它卖掉，低了把它买回来。当我们了解的行业越多，看懂的公司越多，那我们的能力圈也就越大。所以巴菲特说，对你的能力圈来说，最重要的不是能力圈的大小，而是你知道自己能力圈的边界在哪里，如果你知道了自己的能力圈边界，你将比那些能力圈虽然比你大5倍，但是却不知道自己能力圈的人，要有把握得多。巴菲特的意思是不熟不做，每个人不可能懂得所有的行业，能抓住所有的机会，这是不可能的，只需要抓住属于自己的机会就行了。

第三是安全边际，格雷厄姆对安全边际有着非常透彻的介绍，我们要用0.4元去买价值1元的东西。套用在投资上，就是我们要用比价值更低的价格去买股票。当股票的价格大幅度低于股票的内在价值时，这是买入的好时机，因为它拥有足够的安全边际；同时当股票的价格大幅高于股票的内在价值时，就是卖出的好时机。很多人之所以亏损，是因为完全做反了，追涨杀跌，所以很难赚到钱。

下面介绍两种挑选指数基金的方法：一个是格雷厄姆的盈利收益率法；另一个是约翰·博格的博格公式法。

6.2.1　盈利收益率法

盈利收益率是市盈率的倒数。市盈率是每股市价除以每股盈利，而盈利收益率是每股盈利除以每股市价，意思是把一家公司买下来，每年的利润带给我们的收益，市盈率低一般代表估值低，市盈率高一般代表公司估值高，而盈利收益率恰恰相反，盈利收益率高，说明更具有投资价值，而盈利收益率低，代表公司投资价值较小。格雷厄姆认为满足两个条件，盈利收益率就很高了，一是盈利收益率大于10%；二是盈利收益率大幅高于无风险利率。当盈利收益率大于10%时开始定投，当盈利收益率低于10%时停止定投，特别是当盈利收益率低于6.4%时暂停定投。

6.4%是债券型基金的平均收益，国内债券型基金的长期平均收益为6.4%，如果低于这个收益率，不如买债券型基金，债券型基金风险更小，收益更加稳定。所以，当盈利收益率大于10%时，分批投资；当盈利收益率小于10%，但是大于6.4%时坚定持有已经买入的基金份额；当盈利收益率小于6.4%时，分批卖出基金。

6.2.2　博格公式法

博格公式法的创始人叫约翰·博格，他是世界上第一只指数基金的发明者，被称为"指数基金之父"，约翰·博格同时也被称为20世纪四大"投资大师"，与格雷厄姆、巴菲特、彼得·林奇齐名。

约翰·博格在投资实践过程发现决定股市长期回报的关键因素有三个，分别是初始投资时刻的股息率、投资期内的市盈率变化、投资期内的盈利增长率。

第一个因素是股息率，指数型基金越是低估，也就是其价格越是低于其内在价值，股息率越高，所以，可以在股息率高时买入指数型基金。

第二个因素是市盈率，买入时的市盈率，与买入时的股息率一样，在买入时就确定了，根据数据统计，市盈率一直在9~50倍呈周期性波动，当我们明白其活动区间，就知道当市盈率处于历史较低位置时，未来市盈率大概率是会上涨的，这样就能够获得正收益。

第三个因素是盈利增长率，对于指数基金来说，只要国家经济长期发展，盈利就会长期上涨。但是在一个时间阶段范围内，如果经济景气，盈利增速就会比较快，如果经济不景气，盈利增速会比较慢。

对于盈利稳定的指数，可以用盈利收益率法来投资，这个方法最简单，对于成长指数和周期指数来说，可以用博格公式法。

实际上重要的财务指标就那么几种，如果投资者稍微学习一下，就会有不错的收益，比如市盈率、市净率、股息率、净资产收益率、自由现金流量等。

6.3　懒人定投策略

很多人没有时间和能力研究资本市场的变化，比如上班族，先是做好本职工作，业余时间投资，那怎么办？答案是定投指数型基金。

什么是定投呢？定投就是在固定的时间买入指数型基金，比如每周固定或者每月固定，这样买入的时候就可以避免情绪的干扰。如何制定懒人定投策略呢？

定投最重要的就是定投的时间和定投的金额，定投的时间上需要我们选择一个固定的时间，比如每个月的第一日或者每个月的发薪日，时间一旦确定就不要变，对于上班族来说，往往是从工资中拿出一部分用于定投，可以在每个月发工资后进行定投。很多数据研究机构在研究后发现，具体选择哪一天进行定投对于收益的影响并不大，定投是一个长期的过程，平均至少3年以上，每个月固定时间定投，这个月买在较高的位置，可能下个月就买在较低的位置，短期的涨跌很难判断，所以每月定投就可以了，这样就能够平滑掉我们的买入成本。

定投多少合适呢？比如你每个月拿出1 000元钱来用于定投，对自己的生活影响不大，那就拿1 000元。定投首先是这个金额不能影响到生活，否则的话根本坚持不下来，然后就是金额越大越好，因为本金越多，才能有更多的收益，当然如果亏损，金额也会很大，这个金额因人而异。

买指数型基金和买房子其实是一样的，价值100万元的房子，你花200万元去买就贵了，如果你想要卖出去不亏钱，要么需要等很长时间才能解套，要么就亏本，同样买指数基金的时候也是需要便宜的时候买，而不是贵的时候买。什么时候贵？什么时候便宜呢？在这里将结合前面提到的估值方法，用盈利收益率和博格公式法来判断。

定投的时候优先考虑的是第三方支付平台，比如微信和支付宝。

定投的收益率能达到多少呢？

如果不考虑指数型基金的估值，始终以每个月买入相同的金额，那么长期定投下来的年复合收益率和指数本身的年均上涨速度比较接近。换句话说，从现在开始，每个月定投等量的金额，不管牛市熊市，持续二三十年，在A股收益率为10%～13%，如果配合估值，只有在低估值的时候才定投指数型基金，那么定投的复合收益率会大幅提升。在A股，长期看超过15%也是能够实现的，如果再进一步，采用定期不定额的方法，例如估值越低买入越多，那么复合收益率还可以持续改善，达到15%～20%的可能性也非常大。

第 7 章

基金定投

➤ 懒人基金定投三部曲

➤ 基金定投原则

➤ 让时间成为朋友

➤ 长期持有的策略

7.1　懒人基金定投三部曲

基金定投是基金特有的一种投资方式，特别适合那些资金有限，收入稳定的投资者。基金定投是最能享受时间复利的投资方式，特别是对于上班族和很多不懂得投资的小白，只要你可以定投，忽略短期的市场波动，就能获得意想不到的收获。而很多人对于复杂的基金定投不理解，其实只要三步就能做基金定投。

7.1.1　设定定投计划

不知道一些人有没有这样的体验，定投刚开始就胸有成竹地说要坚持好几年，攒够买车、买房的首付钱，结果没有几个月，可以定投的资金就因为应急或者冲动消费而捉襟见肘，然后便暂停了定投计划，加之没有记账的习惯，预想定投额度太高，总是无所顾忌地消费，这样开始定投，很难坚持下来。所以想清楚目标再开始定投，准备充分资金再扣款，是每一个投资者需要做的功课。

特别是刚毕业的年轻人，由于需要花钱的地方很多，但赚钱的手段又单一，这个时候就要学着攒钱，学着基金定投，不要找任何理由，要知道刚开始的节衣缩食是为了未来更好的财务自由，所以，要不断地开源节流，既要考虑自己当下的财务状况，又要考虑到未来的人生规划和职业选择。

投资一定要考虑时间因素，时间的长短是决定你投资成功与否的一个很重要因素，尤其是定投，没有足够的时间，很难等到它花开的时候。

可以用微信理财通的梦想计划来制订自己的定投计划。

到底拿出来多少钱定投合适呢？下面介绍三种定投方法。

1. 长期目标确定法

长期目标确定法类似于微信理财通设定的梦想计划，比如你想用5年的时间攒下10万元，进行一次旅行，你设定收益率20%，5年的时间，每月定投1 400元，并且严格地执行下去，专款专用，定投账户不到极端情况下绝不挪动，5年的时间足够攒下10万元。

长期目标定投法是根据我们的目标设定定投计划，在确定数额后，需要慎重地问一下自己，每月拿出多少钱定投，不会影响自己的生活，也就是闲钱定投法。

2. 闲钱定投法

投资一般是满足我们日常生活需求后，财富上拥有余力进行的活动，但是现在和之前有了很大的区别，那就是消费成为主流，所以我们需要做的就是筛选自己哪些是需要消费的，哪些是不需要消费的，然后拿出一部分钱来进行投资。这里有一个公式供大家参考：

每月闲钱=（月收入−月支出）/2

比如，家里月收入10 000元，月支出6 000元，那么每月闲下来的钱就是2 000

元，那么定投的金额一般就不要超过2 000元，可以低于这个钱，比如1 000元。

3. 存款估计法

一般来说，家里要维持6~12个月的生活支出，这样即使有突发事件，也可以应对。如果你的资金量很小，刚工作不长时间，也要进行强制的定投，那样才能在未来存下足够的钱，而不是月光。现在年轻人花钱的地方多，欲望也大，但是关键还是自制力，当你开始强制定投储蓄，然后积攒出第一桶金时，其实那就是你通向未来的船票。当然这种方法随着时间的推移会发生变化，我们可支配的现金流会越来越多，只有以踏实笃定的心态去定投，才能收获时间的复利价值。

这些定投的方法都挺好，只有你开始定投，其实就已经赢了一半。

7.1.2 遵循定投的微笑曲线

投资者在市场上开始定投，等到股市走出一段下跌后回升的过程后，在上涨到获利点时赎回，然后将起始点、亏损、收益、赎回收获的收益率连成一条线，这段弧线就构成了微笑曲线。与一次性投资相比，定投微笑曲线的神秘之处就在于定投，定投可以摊薄成本，比如你这次以1元钱买入1股，但是等到8角钱的时候，你还是买了1股，当然你也可以买得更多，这个时候你的成本就降了下来。

定投微笑曲线

大家注意到了没有，如果你想摊薄成本，这个架构也只有暴涨暴跌才能摊薄，如果它的成本没有变化，那么定投的意义也就没有了，所以，最适合定投的是暴涨暴跌的股票型基金，当然也包括指数型基金。在投资人群方面，定投适合面比较广，特别适合那些缺乏时间和精力去研究投资的上班族、想强制储蓄的月光族，以及打算长期投资孩子教育基金或养老基金的上班族。

很多人会想，在最低点买入不是更好吗？确实谁都知道低买高卖的原理，直接在微笑曲线的底部买入，收益率是最高的，但是没有人能够预测明天是涨还是跌，那些股市老手也只是知道股市的一个相对区间，处于什么样的位置。基金定投对于买入时机没有严格的要求，只要坚持一个周期以上，微笑曲线会出现。在最低点买进是非常不现实的行为，几乎做不到。

7.1.3　估值高时卖出

定投作为一种适合新手的投资方式，需要很长时间分散投入资金，有效地摊薄成本，这样就能解决因为一次性买入成本过高陷入亏损的境况。股市里有一句话叫作会买的是徒弟，会卖的是师父，不少投资者因为不会止盈，都会有在股市坐过山车的经历，对于定投而言，卖比买重要，即选择何时止盈比选择何时投资更重要，更有难度。

1. 市场情绪法

市场的情绪非常重要，正如巴菲特的名言，别人恐惧时我贪婪，别人贪婪时我恐惧。

（1）在别人恐惧时我贪婪。买在众人疯狂卖出时，卖在众人疯狂买入时，避开了追涨杀跌，完成低买高卖，说到底就是逆向投资，投资和做其他的事情不一样，投资需要独立思考，需要很强的意志力，需要看见别人看不见的东西，别人乐观的时候你储备粮草，别人悲观的时候你对未来充满了信心。

（2）别人贪婪时我恐惧。股市投资往往是少数人赚钱，多数人亏钱，因为人云亦云，当买卖股票成为群体行为时，疯狂就要付出代价，所以，买在众人疯狂卖出时，卖在疯狂买入时，换一个视角来看问题，你会发现问题可能就不是问题，反而是机会，也可以说是用更高的视角看问题，这样问题就会迎刃而解。

市场情绪法的好处是你能通过市场的冷热来判断市场目前的状况，不需要掌握太多的财务和金融知识，不过市场情绪法一般比较感性，需要主观上有较强的判断能力。

2. 目标收益率法

目标收益率法也是一个操作简单的止盈方法，该方法需要做的事情只有一件，即确定一个目标收益率，如果定投的收益率超过目标收益率，即可止盈。很多人说收益不是越高越好吗？但是很高的目标是不一定能够达到的，比如你想买银行理财，收益率为5%，你想获得更高的收益，但是一款产品的收益上限基本上是恒定的，如果你选择的标准过高，比如设定收益率为10%，则有可能不能及时止盈，错过止盈良机。

7.2 基金定投原则

基金定投可以采用定期不定额、定额不定期、定期定额等几种方式，由于我们讲的是实操，所以可以用微信理财通或者蚂蚁财富进行智能基金定投，选择定期不定额的方式更好地摊薄成本。

同时定投的期限也可以设置为每天、每周、每月，这个当然是时间越短越好，但是也要根据自己的财务状况设定好定投计划，因为定投的时间周期一般较长，所以，定投尽量选择固定的定投时间，然后坚持下来。

定投一定要投资波动大的基金，比如股票型基金比债券型基金更适合投资，定投波动大的指数带来的收益明显好于波动小的指数，"牛市赚净值，熊市享份额"，定投的秘诀就是趁熊市通过不间断的定投来摊低成本，获取更多的份额，在高位买入份额少，在低位买入份额多，从而将成本摊得更低，使得最终收益率更高。

1. 要选择合适的基金

基金定投最好是选择一只高成长性、高波动率、高景气度的指数基金。

高成长性：如果选择股票型基金，可通过查看该基金近一个月、三个月、六个月、一年、三年等不同阶段的涨势，与同类基金相比，根据历史业绩来看基金经理的管理能力，进而判断未来的表现情况。但是定投更推荐高成长性的指数基金。

因为指数基金的费率低、透明化，受选股择时的影响较小，不容易被特定企业的非系统性风险影响，也避免了基金经理人更换带来的业绩不确定性。

高波动率：基金定投不适合单边上涨的情形，更适合震荡的市场及先跌后涨的曲线。因为定投将成本投入的时间分散化，投资者能够在低位的时候买得更低，积累基金份额，从而在未来上涨时获得更高的收益，因此，收益稳定波动小的基金，比如货币型基金、债券型基金不适合定投。

高景气度：指数里面的成分股代表经济的未来，行业发展处于高景气度，有较好的前景才值得投资。比如消费升级、医药、医疗服务、大健康相关产业、人工智能等。

2. 各种原因中途停止定投

有数据显示，20%的人能够坚持定投一年，10%的人能够坚持3年，5%的人能够坚持5年，1%的人能够坚持10年，那剩下的64%呢？他们不到一年就选择离开了，有些人可能有少量盈利，但是大部分人都是亏损的。当开始定投的时候，总是踌躇满志地认为自己没有问题，肯定能够坚持下来，但是没有几个月就开始急着用钱，随便终止了定投计划，如果把定投账户当作是你的取款机，那么你肯定等不到它开花结果的那一天。

3. 无法承受初期亏损

我们都知道定投能够摊薄成本，风险低，但是这个风险低是针对长期来说的，短期内定投亏损的可能性也很大，如果我们一开始就因为短期的亏损停止了定投，那么定投的优势就很难发挥出来。投资其实就是用时间换未来，随着时间的推移，本金在增加，价格的波动是避免不了的，所以，必须能够忍受一时的亏损，来换取未来更大的收益。

4. 炒作热点

准确地说市场不缺热点，今天区块链，明天人工智能，如果一味地追热点，追到最后，只能成为接盘的人，不仅赚不了钱，还会亏损，所以不要被"市场先生"左右，踏踏实实地做好定投，时间的玫瑰花一定会开，我们选择慢慢变富反而更好，欲速则不达。

5. 没有及时止盈

该止盈的时候没有及时止盈的人和无法承受短期亏损的人是一样的，明明坚持了好几年，但是由于没有把握住止盈的时机，错过了盈利退出的最佳时机。比如，2015年的牛市区间没有及时止盈，到2016年牛市，之前的利润全部回吐，白白浪费了资金的机会成本。市场有牛熊，定投的特点就是因为不需要对择时那么敏感，但是仍然需要选择最佳退出时机。

7.3　让时间成为朋友

作为普通人，如何才能在投资上获得成功？从无数的成功投资者身上，我们已经找到了答案，那就是利用好时间，每个人都有24小时，每一天的时间，你用在哪里，就有什么样的产出。同样，时间也是我们投资时的朋友，你持有一年和持有一天，那是两种完全不同的策略，也是两种完全不同的投资方式，获得的收益也会大相径庭。

无论是投资还是学习，甚至做任何事情，必须考虑时间这个因素，时间可以化腐朽为神奇，也会抹平很多不愉快的记忆。

随着投资时间的拉长，投资基金的风险也会降低，因为有平滑风险的因素在发挥作用。随着时间的增加，投资基金的收益也会增加，因为复利在起作用，所以在投资的过程中，我们一定要考虑时间这个维度。而且按照财商的理论，最重要的不是赚多少钱，而是这些钱能为你工作多久，举个例子，一个人经营有术，从事食品加工，赚了很多钱，但是没有财商，不懂法律、不懂金融，后来由于形势变化，自己所熟悉的食品领域没有那么赚钱了，只能一切从零开始，付出了很大的代价。但是，如果在形势好的时候，自己将钱进行分散，比如一部分钱买上市公司的股票，一部分钱投资基金，一部分钱投资其他品种，那么可能他所付出的代价没有那么惨烈。

当然还有一种积攒资产的方式，同样说明了投资的重要性及时间这个维度对于投资的影响。一个25岁刚参加工作的年轻人，他试图在60岁的时候拥有100万元的资产，他只需采用一个非常简单的方法。如果按照12%的收益率来计算，他只需每月投资175元，那么在他60岁的时候，他的投资账户上就会有101万元，而实际上投入成本只有7.35万元。但是当一个40岁的人开始投资，要每月投资1 000元，在同样的收益下，才能在60岁的时候有97万元，而他的实际成本却是24万元。为了达到同样的目标，多拿出了16.65万元，付出了两倍的成本，而这一切仅仅是因为投资晚了15年。

如果是一次性投资，差距会更大，25岁的时候，一次性投资2万元，按照

12%的复利增长，60岁的时候，会有105万元，而如果在40岁的时候才投资2万元，60岁的时候，只有19万元，差距有4倍多。

在一家知名的基金公司推出的十大投资原则中，有这样一个故事，陈先生20岁的时候每个月投资500元买基金，假如每年的年回报率为10%，他投资7年不用再扣款，然后让本金和获利一路成长，到60岁退休的时候，本利已经能够达到162万元，王先生在26岁才开始投资，同样每个月投入500元，是10%的年报酬率，他整整花了33年持续扣款，到60岁时本利累计才154万元，相比之下，王先生投资才晚了7年却要追赶一辈子。

想要让时间发挥作用，必须在正确的方向上，投资其实就是正确的方向，可能第一次，你亏了，没有关系，继续努力，第二次，又亏了，你开始学习，开始反思，开始在实践中总结经验，终于找到正确的方向，实现了盈利，从这个维度来说，越早开始越好。

7.4　长期持有的策略

很多人定投基金也会亏钱，为什么呢？基金定投的原理是经得住时间考验的，但是基金定投并不是在所有时间内都盈利。

1. 基金选择不合适

基金定投需要选择一只高成长性的、高波动率的、高景气度的指数型基金。如果选择股票型基金，可以查看该基金在不同阶段的涨势，并与不同类型的基金进行对比，根据历史业绩来看基金经理的管理能力，进而判断未来的表现情况。但是定投更应该选择高成长性的指数型基金，原因是指数型基金费率低，透明度高，受选股择时的影响较小，不容易被特定公司的非系统性风险影响，也在一定程度上避免了基金经理人更换带来的不利因素。

基金定投不适合单边上涨的行情，更适合震荡的市场及先跌后涨的曲线。因为定投将成本投入的时间分散化，投资者能够在低位的时候买入，积攒基金份额，从而在未来上涨时获得更高的收益。因此，收益稳定，波动较小的基金，如货币型基金、债券型基金，由于波动较小，很难摊薄成本，所以不太适合定投。

2. 手头没钱了，中途停止定投

其实基金和股票是一样的，也是遵循七亏二平一赚的规律，坚持是优秀的品质，在上一节中讲到了时间这个对投资最重要的工具，可以抚平大部分的伤痛。笔者也是后来才意识到时间的重要性，定投真的可以改变命运，不在于你能够积攒多少钱，而在于这是一种与消费思维完全不同的思维。

当欲望和能力不匹配的时候，最重要的是锻炼能力，厚积薄发，当没有消费能力的时候，不是负债消费，而是快速地积攒资产。

3. 无法忍受初期的亏损

没有人不经过学习，不走弯路就能实现稳定的盈利，就算是巴菲特也做不到，所以，承受市场的波动是常态，关键是我们要对投资的标的有信心，市场本身就是起起伏伏的。特别是刚开始投资的时候，亏钱是很大概率的事，即使投资初期不亏钱，后面也会经受较大的波动。反而刚开始就亏钱，亏得反而比较少。

第 8 章

其他基金

○────────────────○

➤ ETF的投资技巧

➤ LOF的投资技巧

8.1 ETF的投资技巧

ETF基金是指可以在交易所交易的基金，实质上是一种开放式的可以随时申购赎回的基金，它其实也是指数型基金的一种，全称是交易型开放式指数基金。投资者可以在场外申购和赎回ETF基金，也可以在二级市场中买卖ETF基金。简单来说就是如果你在证券公司开立了股票账户，直接就可以购买ETF。其与股票的相似之处在于，ETF基金以100个基金单位为一手，涨跌幅度同样被限制在10%，ETF如果跟踪某一目标指数，那么该指数就是ETF的标的指数。我国首只ETF为上证50ETF。

为了使ETF基金的价格能够更加直观地反映目标指数，通常将ETF基金的净值与指数联系在一起，主要方式是将ETF的基金净值设置为指数的某一百分比。还是以上证50为例，跟踪该指数的ETF基金设置为上证50指数的1‰，当指数为3 500点时，ETF指数基金的净值就是3.5，当上证50指数上涨或者下跌10个点时，ETF的净值就上涨或者下跌0.01。由于本书的创作基础是让普通投资者可以通过微信和支付宝进行投资，所以，大家可以看一下微信和支付宝的ETF连接基金截图，以便于进行投资（见下图）。

ETF基金的申购赎回采取独特的实物申购赎回模式，也就是说，投资者向基金管理公司申购ETF时，需要拿这只ETF指定的一揽子股票来换取，赎回时，获得的不是现金，而是相应的一揽子股票，投资者想要变现，需要将这些股票卖出，实物申购赎回机制是ETF基金最大的特点。

ETF的交易模式与股票最大的不同是，ETF实行T+0模式，也就是买入ETF，申购成功后不用等到基金到账，当天就可以在二级市场中卖出。

ETF基金虽然是一种基金，但是与其他基金相比，其也有以下较为鲜明的特点。

1. 被动操作的指数基金

ETF基金是以某一选定的指数所包含的成分股为投资对象，依据构成指数的股票种类和比例，采取完全复制或者抽样复制的方式，进行被动投资的指数基金。ETF不但具有传统指数基金的全部特点，而且是更为纯粹的指数基金。

2. 独特的申购赎回模式

ETF基金的申购赎回采取独特的实物申购、赎回模式。具体是指投资者向基金管理公司申购ETF时，需要拿这只ETF指定的一揽子股票来换取，赎回时得到的不是现金，而是相应的一揽子股票，投资者要变现，需要将这些股票卖出，实物申购赎回机制是ETF基金最大的特点，使ETF基金省去了用现金购买股票及应付赎回而卖出股票的环节。

此外，ETF基金还有最小申购、赎回份额的规定，只有基金达到一定的规模，投资者才能参与ETF一级市场的申购和赎回。

3. 申购门槛高

投资者如果想在一级市场中申购ETF基金，至少需要50万份基金份额。例如，基金净值为0.8元，则申购门槛为40万元，如果基金净值为3.2元，申购门槛就高达160万元。进行申购时，并不是用资金去购买，而是需要将资金换成一揽子股票，再用股票去申购基金份额。

即使普通投资者无法介入ETF基金的发行市场，但投资者可以通过二级市场进行买卖，此时的门槛和股票一致，最低买卖份额为一手，即100份基金份额。且在交易过程中手续费很低，印花税全免，投资者不需要用股票去换取基金份额。下图为消费ETF。

4. 一级市场和二级市场并存的交易制度

ETF基金实行一级市场和二级市场并存的交易制度，在一级市场上，只有资金达到一定规模的投资者才可以随时在交易时间内进行股票换基金份额的申购行为，资金规模小的投资者被排除在一级市场之外。在二级市场，ETF与普通股票一样在市场挂牌交易，投资者无论规模大小，都可以按照市场价格进行ETF份额的交易。一级市场的存在使二级市场交易价格不可能偏离基金份额净值，否则会出现无风险套利的机会。

5. T+0交易模式

如果投资者在进行ETF基金申购时，买好一揽子股票后进行ETF基金份额申购，申购成功后不用等到基金份额到账，当天就可以在二级市场中卖出，实现T+0交易，同样的，投资者在二级市场中买入ETF基金后，即可在一级市场中赎回，不必等到股票到账，就能将这些股票卖出。

8.2 LOF的投资技巧

除了ETF基金外，LOF基金也是有别于其他基金的一种特殊基金。LOF基金的特殊之处主要表现在既可以上市交易，又可以自由申购与赎回。LOF基金是为数不多的投资者不熟悉的一类理财工具。

LOF是英文的缩写，又称为上市型开放式基金，是一种既可以在场外市场进行基金份额申购和赎回，又可以在交易所进行基金份额申购或赎回的开放式基金。

LOF基金是我国在基金市场中的一种本土化创新，它结合了银行等代销机构和交易所交易渠道两者的销售优势，为开放式基金的销售开辟了新渠道。LOF基金持有的转托管机制与可以在交易所进行申购、赎回的制度安排，使LOF基金不会出现封闭式基金大幅折价交易的现象。

1. 交易费用低

在基金公司、银行或其他代销处，申购LOF基金，其费用与其他开放式基金几乎一致，没有特别的费率优惠。但是投资者在二级市场中申购LOF基金，只需交纳一定的佣金即可，费用极低，在一定程度上降低了投资者的成本。

2. 交易手续快

与其他开放式基金在一级市场申购相比，投资者在二级市场交易LOF基金，即可加快交易速度。因为在二级市场中，LOF基金采用"T+1"的交易制度，即在买入后的下一个交易日卖出。在卖出LOF基金后，资金立即被划转到投资者的证券账户，投资者可以马上使用这部分资金进行其他投资。

3. 套利机会

LOF基金的套利机会很少，二级市场价格不会总与基金净值偏离，因为一旦二级市场价格低于基金净值，就会有大量套利投资者同一时间在二级市场买入LOF，然后去一级市场申请赎回，此时二级市场中的价格会逐渐上涨，最终与基金净值持平。

当期在交易所上市交易的LOF基金总共有142只，与上市的119只ETF基金相比，上市的LOF基金种类更多，既包括指数型基金，也包括债券型基金和股票型基金等。

LOF基金运作机制的核心是份额登记机制，它既与开放式基金需要在过户机构中登记不同，又区别于封闭式基金需要在交易所证券登记结算系统登记，只有在过户机构和证券结算系统中同时登记，才能实现LOF基金所具备的同时可以进行场内交易和场外交易的特点。

LOF基金的发行方式，是开放式基金和股票相结合的新模式，最终在交易所发行，它的认购和股票认购没有区别，认购结束时，投资者获得与认购金额相等的基金份额。根据认购方式的不同，投资者的基金份额采用不同的托管方式。通过股票账户认购的基金份额托管在证券登记结算公司系统中，通过基金账户认购的基金份额托管在过户机构中。托管在证券登记系统中的基金份额只能在证券交易所进行交易，不能直接去基金公司赎回，托管在过户机构系统中的基金份额只能在基金公司及其他代销机构中赎回，不能在交易所进行交易。

LOF基金在场内的运作机制与股票相似，就是投资者按照证券交易的方式在证券交易所进行基金交易，交易价格因交易双方的叫价不同而发生变化，交易发生的基金份额的变化登记在证券登记结算系统中。如果场内交易投资者成功交易基金，则基金T+0可用，基金份额T+1交收，其交易方式与股票或者封闭式基金相同。

LOF基金场外交易的运转方式与开放式基金相似，就是投资者采用未知价的交易方式，以基金净值进行申购、赎回，交易发生的基金份额变化登记在过户机构系统中，投资者通过场外交易进行基金申购，基金T+2交收，赎回基金时，不同基金公司程序和效率不同，资金通常在T+5个交易日内到账。运转机制的特殊为LOF基金带来了不少优势，与传统的开放式基金相比，LOF基金有一定的优势。

第 9 章

操作实践

➤ 何时买入收益最高

➤ 何时卖出能赚钱

➤ 怎样给基金估值

➤ 树立良好的心态

9.1 何时买入收益最高

在A股市场，只有10%的投资者可以获利，而90%的投资者大多都在短线交易，结果都是亏损的，最终都会离开。

为什么如此多的投资者选择短线交易，会去跟风买一些经营不善、业绩不佳的上市公司呢？这主要与股票价格波动大、市场投机氛围有关。与此相比，基金价格波动要小得多，因此不适合做短线交易。

传统的价值投资理念的核心在于发现价值，即基金价格低于其内在价值时买入，高于其内在价值时卖出。但是在这个快速发展的时代里，对价值投资的最新解读应该是投资那些有未来、有前景的公司，在投资中拥抱未来，分享公司成长带来的收益。

同时投资者应多注意基金的换手率，过高的换手率表明该基金经理频繁地换股，除了带来高额的费用外，还会错过大部分股票的上涨收益，所以，投资者应尽量选择换手率适中，重仓持股中以白马蓝筹为主的公司。

投资者在分析基金的重仓持股时，除了分析所属板块外，在确定其属于白马蓝筹后，还可以通过主营业务和公司所在地进行进一步分析。

主营业务首选与消费医药相关的行业，其次是5G、物联网、人工智能等有关的行业，这些行业都是在未来有广阔的发展前景。公司所在地首选是那些公司注册地在大城市的上市公司，因为这些城市的经济发展水平高，生活消费水平高，上市公司有将市值做大的动力，市值做大就能带来股票价格的上涨，从而使投资者在基金中获益。

基金投资是一项长期的投资理财活动，其本质是让专业人士代替投资者进行投资，即让专业投资人士帮助寻找市场中那些有价值潜力的中长期投资产品，投资者只需要买入并持有即可。

那么投资者为什么要坚持长期持有基金呢？长期持有基金有哪些必要性呢？

第一，对未来股票市场行情的走势，谁也不能准确预测。每个人都希望在股市最高点卖出所有的股票和基金。但是投资者并不知道这个高点在什么地方，这个低点在什么地方，频繁进出会卖个地板价，买个楼顶价。什么时候买入卖出，对普通投资者来说就是一个无解的难题，而从长期投资来看，只要整体经济形势没有发生根本性的变化，选时就不是主要问题了。

第二，长期持有的操作成本较低，申购赎回一只基金一般要承担1.5%～2%的交易费用，这对于投资者来说是较大的成本，而长期持有可以避免频繁交易的操作成本，更可以减免赎回费用，无形中给了投资者更多的回报。

第三，市场不会永远上涨，也不会永远下跌，投资周期就像寒暑交替一样，短期都会有所反复，但是市场长期增长的趋势不会改变，过分看重短线的效应，就会错失盈利的机遇，投资者要看到净值增长的持续性，树立长期投资信心，既不要被短期收益所诱惑，也不要被一时的风险所吓倒。

股市这么多年，有大量的事实和案例证明，只有长期持有才是盈利诀窍。

散户投资者的一大特性是，当机会来临时犹豫不决，当机会错过后又觉得下次自己一定能够成功，就这样在一次次的犹豫中错过获利的机会。其实无论是缺少时间研究的投资者还是想要获取超额收益的投资者，基金定投才是比较稳妥的。

基金投资中，投资者亏损的原因不在于基金产品本身，而在于投资者持有态度不够坚定，在收益较小的情况下，发现有新的投资机会，就急忙赎回原有的基金，购买新的目标基金，最终，新购入的基金也未能给投资者带来满意的收益，如此反复之后投资者亏损不少。

因此，成功的投资者必须是理性的，必须明白自己将要走向何方，做到谋定而后动，同时认清自己的不足。比如和很多股市投资者一样，过度关注基金走势，基金投资是间接投资，有专业的人士为投资者投资，从选择投资产品到时刻盯盘，都由这些专业人士完成，所以这也是为什么购买基金的原因。

基金公司的基金经理及研究人员，学历大部分都在硕士或者硕士以上，具有丰富的理论知识和实战经验，在投资领域，肯定比大多数投资者都要擅长。另外，基金公司还有严密的管理控制制度，可以约束基金经理的投资行为，加大了基金资产的安全系数。

到底何时买入收益最高？华尔街流传一句话：要想准确地踩点入市，比在空中接住一把飞刀更难。如果采取分批买入法，就克服了只选择一个时间点进行买进和卖出的缺陷，可以均衡成本，使自己在投资中立于不败之地，这种方法也叫定投法。

基金定投是定期投资基金的简称，是指在固定的时间，以固定的金额，自动扣款投资到指定的开放式基金中，是懒人投资理财的妙法。积少成多，聚沙成塔，分散和平摊风险，不会因股票市场的一时波动影响正常的生活和情绪。

除了市场一路上涨的情况，定投的回报率低于一次性买入外，其他情况如市场一路下跌、先跌后涨、频繁波动等，定投的收益率均好于一次性买入。

不要选择债券型基金和货币型基金定投，定投优先选择股票指数基金，熊市低点坚持定投，牛市高点要学会止盈，落袋为安。定投最大的好处在于分批进场，摊平投资成本，分散可能买高的风险，再利用相对高点获利了结，达到低买高卖的效果。因此，要想找高点离场，当然要选择高成长性、高波动率、高景气度的股票指数基金定投。

9.2 何时卖出赚钱

巴菲特说股票卖出的原则有三个：第一，该投资标的被严重高估；第二，发现更好的投资对象；第三，公司基本面发生恶化。

投资者的任何投资都一定要建立在一定的目标之上，如果基金组合或者某只基金的实际收益略微不如预期收益，投资者不必快速进行更换，可以适当地延长观察时间，如果基金组合中的某只基金的业绩表现大大低于预期收益，甚至超过了投资者的风险承受能力，则意味着该基金组合或者某只基金的风险已经超过预期，有必要对该基金组合重新做出评估。

基金组合的业绩表现如果在既定时间内符合预期收益，甚至大大超出了预期, 投资者不要过于贪婪而盲目追加投资金额。基金的业绩越好, 投资者越要保持冷静, 在利益面前抵制诱惑, 避免冒进追加投资金额, 投资者最后也不要在基金组合业绩表现好时对基金组合进行调整, 加大业绩好的基金份额或者减小基金差的基金份额, 从长期来看都是无用功。

在投资者持有基金组合的过程中, 手中基金的基本面会随着市场和政策等因素的变化而变化, 这些基本面的变化, 会影响基金组合收益的高低。因此, 投资者需要对手中的基金保持关注, 在投资基金后, 基金公司会通过短信或者其他方式向投资者发送基金相关信息, 投资者应该注意查看。

基金的基本面变化主要有投资风格、基金经理、基金规模和基金排名等方面的变化, 具体如下:

(1) 投资风格: 基金投资风格会随着市场的变化而变化, 原本基金资产中大盘蓝筹股占比大的基金, 可能在中小盘股票快速上涨的行情中, 对基金持仓进行积极调仓, 将大盘蓝筹股换成小盘成长股, 基金的投资风格也因此而发生变化。

(2) 基金经理: 基金经理变换是常有的事, 虽然对于规模庞大、管理制度完善且研究能力强的基金公司而言, 基金经理的变换不会对基金产生太大的影响, 但是那些实力不强的基金公司在这种情况下会产生巨变。

(3) 基金规模: 如果一只基金的业绩能够保持长期优秀, 就会有投资者不断地买入持有, 基金规模会不断地增长, 基金规模的变化, 会让基金的管理人转变投资风格, 造成基金的基本面变化。

(4) 基金排名: 基金的排名是其业绩在同类基金中表现的反映, 如果基金排名大幅下降，表明该基金在一段时间内的投资不是特别成功，对市场的变化反应不够灵敏，对市场的变化没有做出相应的策略应对。

投资目标发生变化时，基金组合是投资者投资目标的反映。如果投资者的投资目标发生变化，就要相应地对基金的组合做出调整；如果投资的目标变化较大，基金组合的变动可能就会很大，甚至改变投资方向，抛弃原有构建组合的思路。但是在多数情况下，投资者的投资目标不会在短期内发生实质性的转变，因此在原有的基金组合上调整即可。

比如，投资者在刚参加工作时，每月剩余的资金不多，可以主要购买一些货币基金，并拿少量的钱尝试一下股票型基金。工作几年后，收入有所增加，打算存一笔资金用于购车，计划每月用一定的资金投几只基金，如果继续买货币基金肯定是不合理的，这时候股票型基金就派上用场了，这样调整后，你就会发现这些投资目标的改变会带来基金组合的切实改变。

根据实际情况调整组合很有必要，但是在卖出基金的时候要注意以下几点：

（1）不能频繁地调整。基金作为一种间接参加资本市场的工具，其费率比直接投资的股票要高出不少，所以，过于频繁地调整基金组合，会让投资者的交易成本快速地增加。

（2）学会基金转换。调整基金组合不一定只能进行申购和赎回操作，还可以进行基金转换，基金转换的前提是基金组合中的几只基金同属于一家基金公司，基金转换可以最大限度地降低投资者的交易成本。

（3）坚决执行止损。对于业绩表现好的基金可以保持重视，对于业绩表现差的基金，特别是当你买入了一只长期表现较差的基金，要敢于清仓，用回笼的资金买入业绩好的基金，将亏损再赚回来，而不是总考虑沉没成本，不敢卖出，这是最大的误区。

9.3 怎样给基金估值

我曾经在我的第一本书《股市投资进阶：基本面分析的40个财务指标》中写过两个指标，市盈率和市净率，投资者如果不懂可以根据这两个指标来判断一只股票型基金的估值高低。

9.3.1 市盈率

市盈率是每股市价与每股收益的比率，也即总市值与总收益的比率。市盈率是关于上市公司估值的最重要的指标之一，它表示在目前的盈利水平下，投资者用多少年可以把投资成本收回。一般情况下，市盈率越低，越具有投资价值。当然，很多公司市盈率低也可能说明公司没有投资价值。所以，任何指标都要结合其他指标来分析。

市盈率有静态市盈率和动态市盈率之分。在炒股软件中，静态市盈率是用现在的每股市价除以去年的每股收益，而动态市盈率是用现在的股价除以最新四个季度的每股收益。如最新报表是一季报，那么年化每股收益为一季报每股收益乘以4，如果最新报表是二季报，那么年化每股收益是中报每股收益率乘以2。还有一种是TTM市盈率，是用最新的每股市价除以最近四个季度的每股收益计算得来的。由于每年的盈利总是会增长的，所以，在一般情况下，动态市盈率是小于静态市盈率指标的。

市盈率指标能够反映公司的投资价值大小和风险程度。市盈率越高，证明公司投资价值越低，股价风险越大。盈利能力是公司的核心，所以当公司的盈利能力越强时，代表公司能够为股东创造更大的收益，在股价不变的情况下，市盈率越低，公司的投资价值越大。如果公司的盈利能力下降，则市盈率上升，公司的投资价值下降。如果公司的盈利能力没有变化，股价出现上涨，说明投资者要花更多的钱购买同等价值的股票，公司的投资价值降低，此时的市盈率为上升。

市盈率的倒数为投资回报率，比如市盈率为10倍，那么投资回报率为10%，如果市盈率为20倍，那么投资回报率为5%。

还有一个概念叫作整体市盈率，是指一个市场中所有股票的平均市盈率是多少，整体市盈率的高低能够反映整体经济情况和股市大势情况。一般认为，A股的市盈率在15～20倍较为合理。如果A股整体的市盈率偏低，说明市场进入投资区域；如果偏高，则市场的风险加大，不适合投资。

市盈率并没有一个绝对合理的范围。不同的经济环境下，市场的整体市盈率也会有所不同。宏观经济向好时，市盈率整体偏高，宏观经济低迷时则偏低。不同行业的整体市盈率也不一样，由于市场对于新经济公司有着较好的预期，所以，这些行业有着较高的市盈率。不同的公司发展阶段，也会有不同的市盈率合理范围。公司处于高速成长期时，有较高的市盈率；当公司步入成熟期时，市盈率会逐步下降到通常认为合理的水平；而当公司迈入衰退期时，由于投资者对于未来没有信心，市盈率也会随股价下跌而降低。所以，低市盈率公司就不一定值得投资。

市盈率有一定的局限性，它只是反映某一个时间点的市场价格与公司每股收益的比率。由于股票价格时有波动，即使到了公司的年终，每股收益也会有较大变化，所以市盈率每时每刻都在变化。因此，在比较市盈率时，一定要考虑公司未来的成长性，不能仅靠市盈率一个财务指标就做出投资决策。

虽然市盈率指标简单易用，但也正是因为简单，使得投资者缺乏系统考虑公司基本面的情况，误用市盈率的现象普遍存在。

周期行业，由于产品大多同质化，公司盈利取决于产品的供求关系。在行业波峰时周期公司盈利状况很好，市盈率分母较大，市盈率较低，给了投资人估值看上去很便宜的错觉，但正是因为丰厚的利润吸引了产品供给的增加，很可能发生行业反转、公司盈利下降的情况，此时股价下降，市盈率反倒上升了。

而在行业低谷时，公司普遍亏损或者微利，市盈率高达成百上千，股票估值看上去很贵，但真实却可能很便宜，一旦走出低谷，盈利上升，反倒出现股价越涨市盈率越低的情况。因而周期公司除了关注市盈率指标的变动外，更需要结合后面即将介绍的市净率指标判断。

投资者运用市盈率最关心的仍然是公司未来的发展前景，要确保投资的不是未来业绩大幅下滑的公司，否则即便现在买入的市盈率再低，也无济于事。市盈率指标关注的是公司的净利润情况，这使得在使用时没有从DCF模型的角度去思考公司的现金流情况。

如果公司利润状况不错，但是经营性现金流净额很少，而投资性现金流净额又很大，总体是市盈率偏低。这样低市盈率的公司，其实背后是因为公司的价值低。

之前提到市盈率的驱动因素之一是贴现率,风险越大的公司贴现率越高,市盈率水平越低。如果某些行业或者个股市盈率低于其他,未必真的便宜,很可能是因为承担了过高的风险,如财务风险过高、运营风险过高等。现金流贴现模型显示公司大部分价值来自未来永续增长部分,而这部分就和公司增长的空间相关。行业及个股的增长速度和空间很大程度就决定了行业与行业之间、个股与个股之间的市盈率差异。

总的来说,市盈率大致反映了股票的"贵贱",但是高市盈率未必真贵,低市盈率未必真便宜,仍然需要具体分析。对于概率来说,如果一个组合涵盖了来自不同行业的低市盈率公司,那么这个组合长期跑赢市场指数的机会很大。

9.3.2　市净率

市净率为每股市价与每股净资产的比率。市价就是现在股票的价格,净资产就是公司的股东权益,由实收资本、资本公积、盈余公积和未分配利润组成。该指标表示每1元的净资产在资本市场中的价格是多少钱,该指标直接反映了投资者购买股票的现实价值和购买成本的差距。一般来说,市净率越低越好,越低证明用更少的成本买入上市公司的净资产,越低投资价值越高。

市净率是对公司股价进行估值的重要指标之一。当估值较高时,买入上市公司被套的可能性就较大。所以,在进行投资时,一定要看市净率指标的高低。在判断公司的估值时,市净率有时候甚至比市盈率更准确。无论行业的周期如何,上市公司的每股净资产一般波动不会太大,但是公司的盈利状况则变化较大,致使市盈率的波动也较强。因此,市盈率有时候比市净率更具有投资价值。对于周期性的股票来说，市净率比市盈率更有参考价值。周期性股票的每股收益容易受到行业景气度的影响而出现较大波动，但是市净率指标就会保持相对稳定。

当然不同的行业也有不同的市净率评估标准。一般来说，传统制造业的市净率会偏低。而高科技类公司的市净率相对较高。因此，在使用市净率这个指标时，不能一味地追求市净率较低的股票，还要看公司所在行业的情况，横向对比同行业的市净率高低来做出投资判断。

利用市净率进行估值更适合哪些个股和行业呢？一般来说，比较适合重资产的行业或公司，或者说公司的营收和利润很大程度上依赖于资产，最典型的就是银行，资产和负债直接就是钱。处于成熟期阶段的行业或公司也比较适合用市净率进行估值，因为这个阶段公司的资产估价会较为准确，比如钢铁行业，产业非常成熟，基本上根据其资产数就能估算出产量。

靠人和品牌价值的公司就不太适用于市净率进行估值，比如咨询公司，有形资产就是桌子、椅子和电脑。一些重度依赖研发的企业也不太适用，投入的研发资金是算在账面资产中的，但是其产出值就比较难估计，可能一个水花都没有，也可能一下很多，所以，一些高科技行业，比如互联网公司的市净率都较高，此时用市净率估值也就不太准确。

市净率等于市盈率乘以净资产收益率，所以影响市净率的一个重要因素是净资产收益率，因此，那些跌破1倍市净率的股票很可能是因为净资产收益率非常低，公司的盈利价值本身就很低，所以只能享有很低的市净率。投资者投资这类型的公司除非看到净资产收益率提升的可能，或者是资产价值释放的可能，以及分配较高的现金股利的可能，否则就真的是花了冤枉钱。

当然还有一种情况，是被错杀的品种，那就是银行股。银行股的净资产收益率大部分都能保持在10%以上，但是其估值都非常低，一般其股价都低于净资产，也就是市净率低于1。投资者对于银行的经营状况过于担忧，最大的担心是其资产质量因经济增速下滑而恶化，我觉得对于银行这种内生性增长比较强的行业来说，这种担忧虽然有必要，但是很明显，银行被低估了。

9.3.3　基金净值

很多投资者在基金投资中会遇到一个问题，那就是软件上基金的估值涨得很不错，但是晚上基金净值一公布却发现远远没有预期中的涨幅，故有些投资者还怀疑是基金公司偷偷拿走了，这是怎么回事?

基金净值与估值的区别是什么?

基金净值与估值最大的区别在于基金净值是基金公司计算出的价格，而基金估值则是根据相关数据估算出的价格，这个估算方可以是基金网站也可以是某理财软件。因而一个是根据实际持仓和操作计算出来的；另一个是根据以往数据计算出来的，所以两者数据会存在不小的差异。

实际上，基金估值的确定是指按照公允价格对基金资产和负债的价值进行计算，最终确定基金资产净值和基金份额净值的过程。基金净值，是指当前的基金总净资产除以基金总份额，即每天收盘后基金公司根据收盘价算出来的。

我们能从中发现：前者在基金计算中是根据前日数据计算的，所以数据来源就存在滞后性，后者则是根据收盘价计算的，所以存在实时性。例如，某基金经理今天减仓了某股，该股仓位就会发生变化，这样就造成了基金仓位的变化，若是继续按照昨日的仓位进行计算，那么这与实际情况是不符合的，这就是净值和估值出现不等的最重要原因。

总的来说，估值和净值就是预期和现实的区别，估值仅能作为投资参考，决不能当成净值来用。从基金估值和基金净值对比中可了解到基金经理的动作，比如基金估值和基金净值差异较大，这说明基金经理大概率调仓换股了。

当面对市场上这么多的基金的时候，或者准备购买基金的时候，会发现不同的基金价格相差很多，开放式基金的买卖价格就是其净值，新发行的基金一元一份，而一些老基金一般一份在一元以上，甚至有一份两元的，那么选择什么样的基金呢？基金的净值我们专门讲过，净值高低并不应该是判断是否购买基金的一个参照，而其持仓的股票高低才是判断是否买入一只基金的判断标准。

9.4　树立良好的心态

在投资基金之前，树立正确的投资心态非常重要，在股票型基金投资市场上，很多人都是被获利效应吸引来的，那么应该什么时候进场呢？答案是获利最明显的时候需要淡然，市场亏损时需要勇气，巴菲特说："别人恐惧时我贪婪，别人贪婪时我恐惧。"即很多投资"大师"所说的逆向投资。需要淡然的时候是获利最明显的时候，在市场悲观、没有人买股票的时候，恰恰是最应该出手的时候，你需要淡然，每个阶段需要什么要思考清楚，这是最需要投资者明白的事情。

　　我们应该树立一种什么样的理念,股票型基金不是人生的全部,如果一个人脑子里想的全是钱,除此之外什么都没有,这不是完美的人生,钱只是人生的一部分,不能放在最重要的位置,这样才能树立良好的心态。特别是当你的股票型基金账户挣很多钱的时候,你需要的是淡然。

　　我们对资本市场应该抱有积极的态度,虽然股市会回落,甚至会出现大幅下跌,但是不要对股市失去信心。从长远来看,趋势始终是向上的,只有乐观的投资者才能在市场上胜出。

第 10 章

基金风险控制

➤ 设立明确的目标

➤ 学会查看基金评级

➤ 评估基金风险的五大指标

➤ 基金投资的风险防范

10.1　设立明确的目标

投资基金是为了获得更高的收益,但是投资者更应在风险管控的合理范围内,设立明确的收益预期,在适当的时机赎回基金,投资要见好就收,不能太贪。选择不同的基金其收益可能是非常不同的,投资者应根据不同的情况确定自己合理的预期收益率,在适当的时机赎回。

比如,认为20%的收益率已经很高了,那么投资者可以在基金净值达到这个水平时,毫不犹豫地赎回。假如你想要赚取更多收益,那么就要提高自己的投资水平,在基金上涨过程中准确把握基金所在的区间,准确地判断形势,做出赎回的决定。

投资是认知的变现,一个人很难赚到其认知范围之外的钱。比如有些投资"大师"确实是把投资目标设定得非常高,要么不出手,要么一旦锁定目标,就一定要达到几十倍甚至上百倍的收益,但前提是能充分地实地调研,准确地进行宏观判断和趋势预测,以及持续地观察,作为散户投资者很难做出这样的判断。

虽然投资基金要选择适当的时机赎回,但是,投资基金时应当有长期持有的心理准备,基金是适合长期投资的。也有的投资者将投资基金像投资股票一样,采取短期持有的策略,即所谓的炒基金,期望通过选对时点,提高自己运作效率,以获得超额收益,但实际效果往往适得其反。

实践证明,基金和股票是一脉相通的,频繁地申购赎回的实际收益,没有长期持有该基金丰厚。这是因为一方面频繁申购赎回基金，不但花费大量时间和精力，而且由于选时操作不当，次次错过真正上涨的机会；另一方面，交易成本不划算，申购赎回一次性的费用一般在2%左右，在基金净值不变的情况下，买卖5次的成本高达10%。不难看出，如此操作，将使投资者的实际收益大打折扣。所以，投资者要做好长期持有一只基金的心理准备，在买入基金之前一定要细致学习，深入了解所购买的基金，包括基金特点、基金档案、基金公司、基金经理，以及基金过往业绩。进行综合考虑后，选择与自己收益水平和风险承受能力相匹配的基金，更有利于获得超额收益。

不同的基金有不同的风险收益特征，投资者在选择时，应充分考虑自身的风险承受能力、性格特点等各方面的因素，明确自己的需求，根据自己的需求选择适合的基金。很多投资者热衷于阅读各类明星基金、明星经理、明星个股的报道，并据此来决定资产的配置和基金投资品种的选择，这是一种非常错误的做法。

因为基金也有一定的局限性，没有稳赚不赔的基金，比如有些基金很热门，但是在市场的高点，买的人很多，那么基金经理就不得不加仓，这时是市场的高点，一旦市场行情转向，基金往往损失惨重。同时在市场低迷的时候，基金往往无人问津，基金经理反而没有钱加仓，所以，去追逐那些明星基金，并不一定能够赚到钱。

那么，投资者应该怎样从基金的投资目标和需要两个方面来进行投资呢？

第一，明确自身的风险承受能力。

购买基金投资者必须要有风险意识，要清楚自己所能承受的风险，不要购买超出自己承受能力范围之外的高风险基金，所以，最好选择自己能够承受其波动的基金。当面对基金净值的波动时，不会有过多的焦虑和忧愁，能够坦然面对基金的涨跌，希望获取高收益、愿意承受一定风险的人，可以选择股票型基金，而希望获得稳定回报的投资人，可以选择混合型、债券型基金，一些不同基金组成的组合产品也是不错的选择。若是零散的资金，则可以考虑货币型基金。

如果你的年龄在25~35岁，正处于创业期和上升期，面临买车、买房、生育子女等问题，由于相对年轻，事业周期会比较长，可以承担高风险，所以可以选择风险相对较高，收益也相对较高的成长型基金。而如果正值50岁或者接近退休的年龄，资金的使用地方会更多，对风险的承受能力会变弱，这时应当选择保守型的策略，选择价值型的基金。投资目标的选择主要和个人的需要和风险承受能力相当，只要认清自己的现状，选择与之相适应的基金即可。

第二，适合自己的性格特点。

如基于实现基金净值的快速增长，投资者适合选择指数型基金和股票型基金，希望规避风险的投资者适合选择货币型基金和债券型基金，追求稳健的投资者适合选择平衡型基金。

第三，与自己的投资偏好相结合。

习惯于短线波段操作的投资者，可以选择净值波动较大的股票型基金，而选择长线投资的投资者，其期望净值能平稳持续增长，可以选择债券型基金。

10.2　学会查看基金评级

专业的基金评级机构每年都会对基金进行星级评定，星级评定的标准是多方面的，其评定结果有助于投资者了解基金的历史业绩以及抗风险能力等具体情况。一般来说，基金的星级越高，其业绩相对较好，抗风险能力也更强。

现在市场上的基金评定机构有很多，如晨星，它的星级评定主要是衡量基金风险调整后收益，是基金的风险、收益特征的浓缩体现，也是投资者快速了解基金的有力工具。

目前的基金评级市场中，银河证券、和讯、晨星和理柏四家机构在权威性和专业性上得到了业界的一致高度认可。

需要注意的是，基金的星级评定结果有一定的投资参考价值，但是并不是投资者选择基金的唯一标准，投资基金需要一个全面的、综合的考察，从基金本身的业绩表现，到基金公司、基金经理的管理水平，包括专业机构的评定和投资专家的建议，同时还要合理根据自己的资金状况、心理承受能力。制订合理的投资计划，只有综合以上因素，进行合理选择、理性投资，才能保证基金的最终获利。

10.3 评估基金风险的五大指标

10.3.1 夏普比率

1990年，诺贝尔经济学奖得主威廉·夏普以投资学最重要的理论基础资本资产定价模式为根本，提出了著名的夏普比率，又称为夏普指数，用来衡量金融资产的绩效表现。

夏普比率又称为夏普系数,是基金绩效评价的标准化指标。夏普指数是经过风险调整后的绩效指标,它结合了报酬与风险评估,主要用来衡量一只基金每单位所承担风险可获得的超额报酬。

超额报酬是指基金过去一年及两年平均月报酬率超过平均一个月定期存款的部分。换言之,投资人每承担一分风险,与定期存款利率相比,报酬率能高出多少。夏普比率越大,说明基金单位风险所获得风险报酬越高,基金的绩效也就越好。夏普比率有专门的公式,作为业余的投资者不需要去掌握公式,只要掌握这个指标怎么使用即可。

如果夏普比率为正值,则代表基金的报酬率高过波动风险;如果夏普比率为负值,则代表基金的操作风险高于报酬率。因此,每位投资者都可以根据夏普比率来判断基金投资回报与投资风险的比例,夏普比率越高,说明投资组合越得当,收益越好。

夏普比率的核心思想是,理性的投资者会选择并持有有效的投资组合,即那些在既定风险水平下,使期望回报率最大化的投资组合,或者是那些在既定期望回报率的基础上,使风险最小化的投资组合。简言之,就是投资者在建立有风险的投资组合时,至少应该要求投资回报达到低风险的投资回报。

10.3.2 阿尔法系数

阿尔法系数是投资的绝对回报与按照贝塔系数计算的预期回报之间的差额。绝对回报,也称为额外回报,是基金投资实际回报减去低风险投资收益后的数值,绝对回报可以用来测量基金经理或者投资者的投资技术。预期回报等于贝塔系数与市场回报的乘积,它能够反映基金投资由于市场波动而获得的回报。

其计算方法如下：超额收益＝基金的收益－低风险投资收益（低风险收益为在中国一年期银行定期存款收益）。

阿尔法大于零，表示基金的价格可能被低估，建议买入。也同时表示该基金以投资技术获得比平均预期回报大的实际回报。

阿尔法小于零，表示基金的价格可能被高估，建议卖出。也同时表示该基金以投资技术获得比平均预期回报小的实际回报。

阿尔法等于零，表示基金的价格准确反映其内在价值，未被高估也未被低估。也同时表示该基金以投资技术获得与预期回报相等的实际回报。

阿尔法系数是一种相对系数，阿尔法系数越大说明其基金获得超额收益的能力越大。也就是说，在同类基金产品中，阿尔法系数越大，该基金经理便能够额外给投资者带来更多的附加值。

假如有一个投资组合，通过对其的风险水平分析，资本资产定价模型预测其每年回报率为10％，但是该投资组合的实际回报率为每年14％，此时，这个投资组合的阿尔法系数为4％（14％－10％），即表示该组合的实际回报率超过由资本资产定价模型预测的回报率4个百分点。

10.3.3　贝塔系数

贝塔系数是一种评估证券系统性风险的工具，用于评估某只股票或某只股票型基金相对于整个市场的波动情况。

贝塔系数大于1，说明基金的波动性大于业绩评价基准的波动性；贝塔系数小于1，说明基金的波动性小于业绩评价基准的波动性；贝塔系数等于1，说明基金的波动性等于业绩评价基准的波动性。

贝塔系数是一个相对指标，贝塔系数越高，说明基金相对于业绩评价基准的波动性越大。换言之，贝塔系数越高，其风险也就越大。

可以这样来理解，如果贝塔系数为1，则市场上涨10%时，基金就上涨10%，市场下滑10%时，基金则相应地下滑10%；如果贝塔系数为1.1，市场上涨10%时，基金则上涨11%，市场下滑10%时，基金则下滑11%；如果贝塔系数为0.9，市场上涨10%时，则基金上涨9%，市场下滑10%时，基金则下滑9%。贝塔系数反映个股对大盘或者大盘变化的敏感性，也就是个股与大盘的相关性，可根据市场走势预测选择不同的贝塔系数的基金来获得超额收益。

10.3.4 R平方

R平方衡量一只基金的业绩变化在多大程度上可以由基准指数的变动来表示，反映业绩基准的变动对基金表现的影响。其影响程度按照0~100计算，如果R平方为100，则说明基金回报的变动完全受基金的业绩基准变动影响，因此，R平方越低，由业绩基准变动导致的基金业绩变化程度越小。

对于股票或者基金来说，R平方越大，其系统风险所占的比重就越大，而个别风险所占的比重就越小。

10.3.5 标准差

标准差是基金月收益率与月平均收益率的偏差，反映基金总回报率的波动幅度大小，其数值越大，表明波动程度越大。标准差的大小与基金的总业绩没有太大关系，只能说明基金在达到当前收益情况下的净值波动情况和稳定程度。在收益相同的情况下，投资者应该选择标准差小的基金进行投资。

10.4 基金投资的风险防范

虽然投资基金有一定的风险，但是不代表我们就不投资了，高手和新手的区别就是高手管控风险，而新手厌恶风险。

如何才能最大限度地规避风险，达到预期收益，是所有投资者需要考虑的问题。按照以下建议，可以最大限度地规避风险。

1. 对个人风险偏好要有清晰地了解

了解自己是投资的第一步，包括对自己的投资状况、工作的稳定性、收入状况、未来几年内可能出现的收入状况、支出情况、个人的年龄因素、健康状况等，要有一个清醒的认识和判断，这样才能确定是否有能力承受投资在未来一段时间内可能出现的风险。

如果各方面的状况都比较好，市场短期的较大波动也不会对个人生活产生很大影响，这样就可以选择一些风险收益偏高的股票型基金投资；相反，就要考虑以债券、货币和一些保守配置型的基金为主进行投资，也可辅助很少比例的高风险基金以提高收益。

2. 定期定额是投资基金的最好方法

没有人可以一直高抛低吸，永远在低点买入，在高点卖出。所以，定期定额地进行定投是适合普通投资人的投资方法，如果对于市场的长期趋势看好，定投可以帮助你在高位的时候少买基金份额，低点的时候多买基金份额。长此以往，就可以使投资成本趋于市场平均水平，并取得市场长期上涨的平均收益。

在坚持定期定额的同时，还可以进行大波段的投资，股票的高点和低点比较难以把握，但是高点区位和低点区位是能够看出来的，并且A股波动率大，适合定投。

3. 通过组合投资分散风险

购买基金无非是希望赚取利润并降低风险，所以同类型的基金或者投资方向比较一致的基金最好不要重复购买，以免达不到分散风险的目的。投资者可以根据自己的实际情况选择2~3家基金公司旗下3只左右不同风险收益的产品进行组合投资，这也是常说的不要将鸡蛋放在一个篮子里。不少股民转战基金市场，将基金作为他们的重仓，但是，大多数基民对待基金就像雾里看花，更不知道投资中风险和收益的匹配，只有了解了基金的风险，投资者才可以面对高回报时保持冷静的头脑。

不同类型的基金由于投资品种和投资范围的不同而呈现不同的收益风险水平，投资者需要根据自身的风险承受能力和理财目标选择合适的基金种类。晨星排行榜中展示了七种基金分类，股票型、积极配置型、保守配置型、普通债券型、短债基金、保本基金和货币市场基金。除去保本基金，剩余基金类型的风险和收益呈递减趋势。保本基金由于采用特殊的运作机制，保本期内保证本金的安全。

对于风险承受能力较高的投资者，股票和积极配置型的基金是合适的品种；对于风险承受能力不高，希望收益能够抵御通货膨胀、超过银行存款利息，并且保持稳健的投资者，可以选择保守配置型基金和普通债券基金。短债基金和货币市场基金，进出方便，可以作为现金的蓄水池。

4. 考虑下跌风险低或者偏低的基金

通过考察基金过往的业绩来衡量基金的风险水平最常用的工具是标准差和下行风险系数。标准差又称为波动幅度，是指过去一段时间内，基金每周回报率相当于平均回报的偏差程度大小。如果C基金和D基金的长期业绩相当，但是A基金走的是大起大落的路线，而B基金则是小幅攀升的行情。那么，从长期来看，A基金的标准差肯定大于B基金，选择持有A基金的投资者将会经受净值大幅波动的风险。

标准差所量化的对象是回报的波动，但是该指标的坏处是没有体现出是正向波动还是负向波动，更没有体现基金的下行风险，即低于低风险收益率或者出现亏损的可能性。

晨星采用一种考察基金下行风险的指标，为晨星风险系数，用于衡量与同类基金相比较、某只基金的下行风险，是一个相对指标。如市场行情不好而使同类基金面临净值亏损，C类基金的亏损程度小于D类基金。

第 11 章

微信理财通

为什么我会专门用两章来介绍微信理财通和支付宝蚂蚁财富，微信和支付宝现在已成为"国民级"应用，这两个App现在是非常大的平台，几乎所有的人都在使用，当平台大了，你在上面交易的成本就低，风险相对就会小很多。

以货币型基金为例，具体的操作方法如下：首先打开你的微信，在"我"的页面里，找到"支付"选项并点击，找到"理财通"选项，点击进入。如下图所示，有余额、理财、基金、股票工资理财、还信用卡等功能。

点开理财，里面有货币基金、安稳债基、保险产品、券商产品、银行产品等，投资者在操作时，可以按照书中介绍的内容，选择相应的产品。

如下图所示，广发弘利大集合，这只产品是广发证券发行的，广发弘利大集合是定期理财，该产品5万元起购，风险程度中低，投资期限为273天。广发弘利大集合属于证券理财产品，由广发证券旗下资管公司提供，即大家把钱交给广发证券，按照你买的份额承担风险，若是他们投资亏了，你就亏本，他们赚了，你就赚，不过这款产品的风险并不大。广发弘利大集合持有到期后，3个交易日内可到账至余额。

在"理财通"页面中，还有债券型基金的介绍，比如期限型基金，即有一定的期限限制，下图所示的3个月、2个月等。而开放型基金即可灵活地赎回申购，不受任何的限制。

打开"基金"页面，就可以看到本书介绍的重点内容，有基金定投、养老专区、自选基金、指数型基金、混合型基金、债券型基金、境外型基金等，见下图。每一种基金都可以打开具体的页面查看。

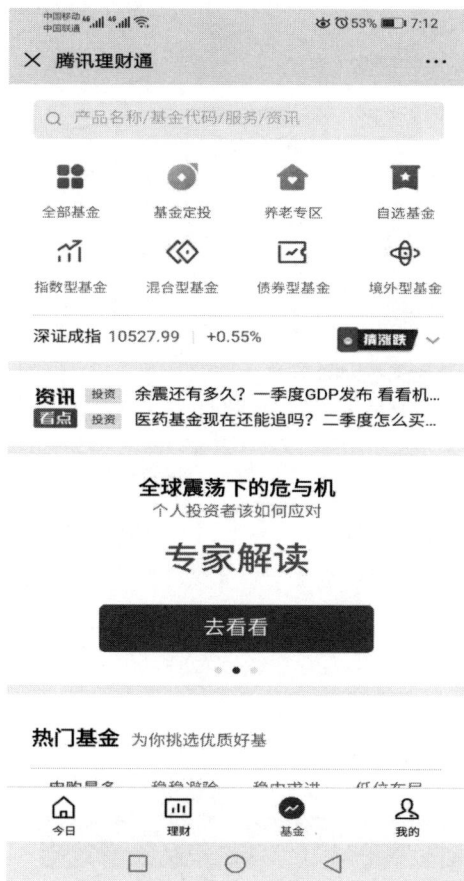

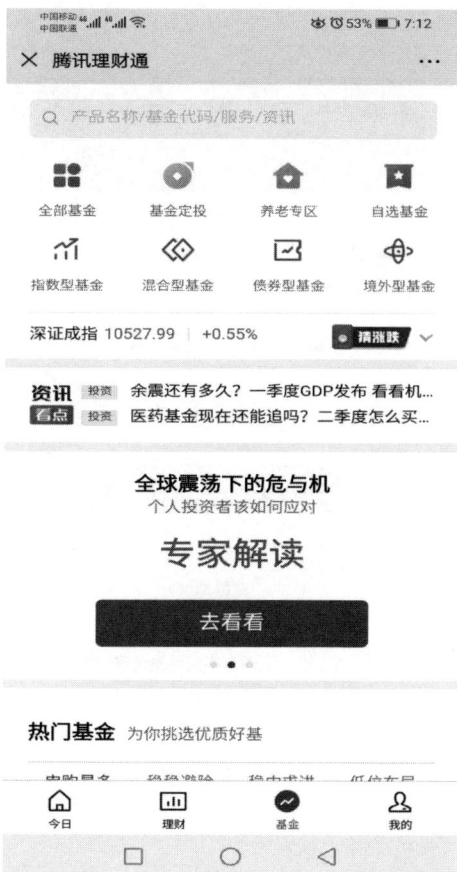

打开"基金定投"页面，可以看到定投排行榜、定投计算器、我的定投。另外还有定投的知识分享，如何才能止盈，如何定投，最近定投的热点是什么，见下页图（左）。

以汇添富中证主要消费ETF连接为例，见下页图（右），具体操作如下：点击汇添富中证主要消费ETF连接，汇添富是基金公司的名称，中证是指数的名称，主要是中小盘，主要消费是行业，指该基金只投资这个行业，ETF是交易所交易基金，是一款在软件上可以交易的基金。该产品在场外交易跟踪的是场内交易的ETF。

打开"定投"页面，可以选择定投金额，1元即可定投，由于定投的周期较长，一定要做好预算，才不会半途而废。定投时间可以是每周、每日，也可以是每月，见下页图（左），根据自己的实际情况设定，工薪阶层最好按照每月来定投，不要太频繁，设定时间可以是每个月的工资发放日，这样比较利于扣款。

再来看定投规则，100万元以下，申购费率为0.1%，100万元以上500万元以下，申购费率为0.06%，500万元以上，1 000元一笔，这个交易费率相当便宜，第三方支付平台都是靠量来取胜的，所以价格都是很低的，见下页图（右）。在页面上可以看到申购份额的具体计算方式，T为英文字母的缩写，即交易，T+1是交易日第二天，T+2即交易日第三天。基金的交易时间和股市的交易时间是一致的，所以15：00后买入即为第二天买入。

接下来介绍取出规则，持有的时间越长，费率越低。持有时间在730日以上，赎回没有费率，同时上面也有费用的计算公式。一个完整的交易赎回，需3~4个工作日，按照交易规则，15：00前赎回，第二天确认份额，2个工作日内钱到账，见下页图，这就是一个完整的基金定投计划。

第 12 章

支付宝蚂蚁财富

蚂蚁财富是蚂蚁金服旗下的智慧理财平台，致力于让"理财更简单"，与支付宝、余额宝、招财宝等同为蚂蚁金服旗下的业务板块。

对于普通人来说，用支付宝买基金、做理财，绝对够用。

支付宝的功能相当多，很多人都不知道，只要能用好支付宝，理财、赚钱甚至财务自由都有可能实现。

我把支付宝理财的难度，按照低级到高级，分成了一年级到六年级这六个等级，逐个来讲。

先说一年级，即余额宝。

余额宝，大家都拿它做工资理财、零钱理财，其实余额宝是一款货币型基金产品。

很多人不知道，除了余额宝外，支付宝里还有很多收益更高的货币型基金。光是玩转支付宝中的货币型基金，你就能多赚不少钱。

二年级，是"固收"产品。

顾名思义，固收产品的收益是固定的。支付宝中的固收产品，收益基本都比余额宝和其他货币型基金高。

收益固定的好处是：不用动脑子，长期不用的闲钱放进去也比较安全。定期理财，收益在5%左右，与银行理财差不多一个水平，比较适合保守型、不喜欢冒险的投资者。

从三年级开始，做基金定投。

虽然总体上单只基金的涨跌不如单只股票激烈。但是，普通人做投资，最重要的就是在自己的能力范围内行事。股票投资看着简单，其实它对专业度的要求非常高：要懂金融、懂财务、懂宏观、懂商业，还要心理素质过硬。

股票市场上有大量的机构在做投资，它们有大量金融相关专业出身的基金经理、专门的研究团队，这些机构掌握的资金、信息、渠道资源及专业能力，都远远高于个人投资者。

所以，普通股民贸然冲进股市，一般只有一个结果：被割韭菜。那么，普通投资者没那么高的水平，市场变化完全看不懂，可是我也想赚股票市场的钱，怎么办呢？

把钱交给专业机构，让它帮你投资，收你一点管理费做酬劳。

基金的涨跌不像单只股票那么猛烈，因为每只基金里都分散投资了很多股票，股票有涨有跌，一部分上涨和一部分下跌就相互抵消了。所以，基金的走势就不像单只股票那么容易震荡，比较平稳。

而且基金有一点比较好，如果基金中的某只股票业绩变差或者因为别的原因，达不到基金的标准，基金经理就会把这只股票剔除，换好的股票进来。

那么基金怎样买呢？要定投。

很多人不管是买股票还是买基金，总想买了就涨，老想抄到最低价、卖到最高价。结果，因为根本不知道怎么判断，听别人说这个基金涨得好，就冲进去买在高价，又忍不了暂时的下跌，看着亏损金额变多了，就赶紧割肉。弄来弄去，最后都是一个亏。

新手买基金最好的办法是：放弃最低价，追求较低价；放弃最高收益，追求平均收益。

这就是基金定投的策略。不主动选择买入时机，不管基金涨跌如何，定期扣款固定金额，自动买入相应的份额。因为金额不变，所以，当基金涨上去了，这次买的份额就会比较少，基金跌了，这次买到的份额就会比较多。

这样，涨的时候少买，跌的时候多买，就能把基金的平均成本摊得很低。长期坚持，等将来遇到牛市，你也买了很多低成本的基金，到了一定时候可以停止定投继续持有，最后逐步分批卖掉，就能赚到很多收益。

支付宝在基金定投上，是花了很多心思的。

一是基金的品种很全面；二是专门针对基金定投开发了一些小功能；三是起投门槛低，有的基金一次定投10元都行，申购费用也低。

那么多基金品种，我建议大家刚开始定投指数型基金就可以了。投资指数型基金，其实就是投资整体经济、整个国家的发展前景。比如沪深300、上证50、中证500相关的指数型基金，都很适合定投，管理费也比其他类型的基金更低。

如果你的学习能力比较强，能注意到经济形势，再掌握一下定投止盈的技巧，就可以获得比较高的收益。比如12%~15%的水平，还是可以期待一下的。

基金定投，对我们的投资能力要求不高，但很考验耐力，也就是说，定投要长期坚持，不能半途而废，时间至少是3~5年，才能获得可观的收益。

我们可以算一下，如果你和你的伴侣，每人每月定投1 500元。按照年化

12%的收益来计算,40年后,等你们退休的时候,就可以获得1 782万元。这也算是达到财务自由了。

这就是定投+复利的威力,你可以自己拿计算器算算看。

基金定投的另一个好处,是在承担较低风险的情况下,逐步学习股票的投资,建立对股市的理解,磨炼自己的投资心态。

虽然基金定投只是三年级的玩法,但玩好了,收益也可以很高,而且也是进入四五年级的必修之路。

到了四五年级,就是投资混合型基金乃至股票了,混合型基金、股票,要比指数型基金的不确定性大很多。

它们的难点是,需要花很多功夫去挑选基金。一般要看懂这些基金的投向、熟悉基金经理的表现、了解基金的历史业绩等。

到了能投资混合型基金乃至股票的阶段,收益可能会更高,20%~40%甚至更高都有可能,但风险也会更大。如果玩得好,实现财务自由的时间也会大大缩短。

最后的六年级,是资产配置。

资产配置就更高端了,你需要把前面几年级的东西都学会,融会贯通。

然后,还要想清楚自己的理财目标,从全局角度去考虑个人股票、债券、现金、房产的配置比例。这个配置方法是没有标准答案的,它和你的性格、风险偏好、目标都有关系。

对大多数人来说,从一年级开始,慢慢升级,足够用心、修炼心态,就能靠着自己赚到足够的钱。

第 13 章

做好资产配置，实现财务自由

- ➤ 风险承受能力测试

- ➤ 复利的威力

- ➤ 怎样才算财务自由

- ➤ 资产配置的原理

13.1　风险承受能力测试

风险承受能力是指一个人是否拥有足够的能力承担风险，也就是说，投资者能够承受多大的投资损失而不至于影响其正常生活。

投资者在进行投资规划时，风险承受能力与风险偏好是必须要注意的。在实际的投资过程中，这两个指标往往会出现矛盾，比如低风险承受能力的人却偏好购买能够获得更高收益的股票型基金。投资者在进行投资决策时，应优先考虑自己的风险承受能力，而不是风险偏好。在实际生活中，很多投资者由于缺乏专业的理财知识，往往只关注自己的风险偏好，而忽略了自己的风险承受能力，最终由于对自身风险承受能力的忽视，导致出现投资亏损。

因为每一个人对于风险的承受能力是有区别的，即使同一个人，在不同的年龄阶段，其对风险的承受能力也不一样，所以，投资者在投资前应该合理分析自己的风险承受能力，根据自己的可承受风险情况来决定要购买的基金种类和所要投资的金额，切不可盲目追求收益而忘记了高风险。只有对风险有充分的准备和认识，才能更加有效地规避风险，从而实现自己的投资目标。

所以，投资者在投资之前做风险承受能力测试是很有必要的，作为基金销售机构，也需要在客户购买前对客户进行测试，在客户的投资超过个人风险承受能力时，销售人员应该对客户进行必要的风险提示。

投资者在进行投资时，一定要具备良好的心态，既要能够承受高收益带来的惊喜，也要能承受高风险带来的亏损的折磨。投资基金是一种理财方式，进行风险承受能力测试，树立良好的投资心理，有助于投资者更好地进行理财。

13.2 复利的威力

如果你现在正好30岁，怎样才能在60岁的时候拥有100万元的资产呢？随着通货膨胀的增加，100万元并不是一个遥不可及的梦想，关键是复利思维带给我们的投资启示。

方法一，最笨的方法，每个月拿出2 777元，30年后你就有了100万元。

方法二，最夸张的方法，30岁的时候拿出1元，然后投资，并且每年让你的资产翻1倍，1元变2元，2元变4元，4元变16元，20年后，你同样拥有了100万元，那时你还只有50岁。当然这种方法很夸张，我们不可能只有1元的原始资本。

方法三，30岁的你拿出3.5万元，用这些钱去投资，每年获得12%的收益，到60岁的时候，你就有了97万元，这就是复利的威力。

巴菲特一生中99%的财富都是他50岁之后获得的。也就是说，50岁之前，他也是一个普通人。

从27岁，他投资的年复利是20.5%，50岁之后，靠就是时间和复利的力量，进入财富快速增长期。

巴菲特说过："人生就像滚雪球，关键是要找到足够湿的雪和足够长的坡。"

这里的"雪"就是投资，"足够湿"就是投资收益，"长坡"就是投资的时间。

财富的积累也是如此，很多人都不是生下来就很有钱，赚取的第一桶金也不足以使你富有，方法都是通过时间来使钱生钱。

当你有了盈余资金，只要能产生盈余，哪怕再低，不断重复，利滚利，长时间下来，也会是一笔很大的资金。利用复利思维来投资，时间、收益率、72法则、稳健是最为重要的四大关键点。

时间在复利投资中的力量，可以使100万元在短短的20年内就变成上千万元。

据测算，假设20%的年化收益，10年变成6倍，20年变成39倍，45年变成3 657倍，50年将变成9 100倍，最后5年的收益，将近前面45年的2倍。

我们常常对一天的收益率抱有过高的期望，却对1年、3年、5年甚至更长的时间内的收益没有等待的耐心。

罗伯特G.哈格斯特朗曾对1975—1982年美国股票市场上市值最大的500只股票进行了投资回报统计。

这8年是价格波动不大的震荡区域。他发现，在1年的时间里，约有3%的股票上涨了1倍以上，把时间拉长到3年，比例扩大到18.6%，再延长至5年，价格上涨超过1倍的股票达到38%。

也就是说，在震荡市场上，你买30只股票，1年里有可能1只股票翻番，3年里会有5~6只，5年里会有10~12只，这就是时间的力量。

除了时间之外，其中对复利影响最大的就是R收益率。

很多人容易忽视开始时的小收益而选择中途放弃。

如下表所示，1万元，按照年化10%的投资收益率计算，一年下来也不过是1 000元的投资收益。尤其是把这1 000元放到1年里来体现，每天也就2~3元的收益，对很多人来说都没有多大的吸引力。

年 份	收 益					
	5%	10%	15%	20%	25%	30%
5	1.28	1.61	2.01	2.49	3.05	3.71
10	1.63	2.59	4.05	6.19	9.31	13.79
15	2.08	4.18	8.14	15.41	28.42	51.19
20	2.65	6.73	16.37	38.34	86.74	190.05
25	3.39	10.83	32.92	95.4	264.70	705.64
30	4.32	17.45	66.21	237.38	807.79	2 620
35	5.52	28.1	133.18	590.67	2 465.19	9 727.86
40	7.04	45.26	267.86	1 469.77	7 523.16	36 118.86
45	8.99	72.89	538.77	3 657.26	22 958.87	134 106.82
50	11.47	117.39	1 083.66	9 100.42	70 064.92	497 929.22

做过投资的人知道，要保持10%的年化收益率其实已经非常不容易了，即使如巴菲特，开始的雪球也是很小的。

接受开始的进步很小这个事实，有助于对复利这个概念形成正确的期待，拥有足够的耐心等待复利效果的显现。

等到你的价值增长了10倍，那么10%的增长，就相当于现在的你的小进步。

但是没有现在微小的积累，就永远不能达到那个目的地。

就像哲学上的"秃头论证"：头上掉一根头发，很正常；再掉一根，也不用担心；还掉一根，仍旧不必忧虑……长此以往，一根根头发掉下去，最后秃头出现了。

也像社会学里的"稻草原理"：往一匹健壮的骏马身上放一根稻草，马毫无反应；再添加一根稻草，马还是丝毫没有感觉；又添加一根……一直往马身上添稻草，当最后一根轻飘飘的稻草放到马身上后，骏马竟不堪重负瘫倒在地。

而以上两个现象又像"多米诺骨牌效应"：在一个相互联系的系统中，一个很小的初始能量就可能产生一系列的连锁反应，这个最小的力量能够引起的或许只是察觉不到的渐变，但是它所引发的却可能是翻天覆地的变化。

所以，R对复利影响巨大，微小的收益率差异经过足够长的时间也能产生巨大的结果差异。

因此，投资者也应该保持足够的耐心走过这个阶段，等待复利神奇力量的显现。

13.3　怎样才算财务自由

财务自由就是你再也不用为了钱而出售自己的时间，比如很多人过着"996"的生活，也就是每天早上九点上班，晚上九点下班，每周工作6天。这是财务自由吗？显然不是，因为他们为了生活不得不工作，而财务自由是你可以不去做你不想做的事，是被动收入大于支出。那什么是被动收入？就是用钱来赚钱。财务自由最早出现在《富爸爸穷爸爸》一书中，所谓钱赚钱也就是不用劳动也有的收入，即被动收入，比如租金、股票红利、投资基金收益等，与其对应的是主动收入，即必须通过工作、劳动才能带来的收入，一旦工作终止，收入也会因此而丧失，比如银行员工、快递员等，赚的都是主动收入。

赚取主动收入的人是很难实现财务自由的，原因很简单，一旦你停止工作，便意味着你收入的终止，而你的支出是不可能间断的，所以，除非你在赚取主动收入的同时，还能拥有大量的被动收入，否则，你便只能不停地劳动以满足持续不断的支出。

从实现财务自由的方面来说，想要获得被动收入，就要依赖于既有的资产。关于资产，很多人的观念都是错误的，90%以上的人认为房子、车子、黄金等只要能够抵钱的东西都能叫作资产，实际上，这些东西既可能是你的资产，也可能是你的负债。

所谓资产，即能够把钱装进你口袋的东西，所谓负债，即把钱从你口袋掏出去的东西。很多人拼命地买房子、买黄金、买汽车，认为这些都是资产，事实上，这些花钱买来的东西，大多都是负债，购买这些东西，使你的钱流出了口袋，流出了银行，而这些东西在你手上，又会不停地为加油站、为银行、为维修站创造收益。这样的东西买得再多，也无法帮你实现财务自由。

既然如此，那有了钱之后，什么也不买，存起来是不是就是资产了呢？也不是，钱不花出去，就是一种负债，不管是在你的手中还是存在银行，一旦通货膨胀，你的钱就贬值了，也就变相地等同于支出了。而通货紧缩，可能很多年都不会碰到。所以，想要实现财务自由，应该科学地管理日常开支，想办法在创造资产的同时，减少负债。

在生活中，包括销售获得的奖金、出租物业的租金、股息或者基金分红、图书或者音乐创作的版税、专利费，以及来自博客或者网站的广告收入、出租专业特权等都可以成为我们实现财务自由的被动收入。我们所要做的，就是努力拥有这些东西，同时，还要努力减少那些无法创造收益的资产。

当然，减少负债并不意味着我们不能够买房买车，不能购买任何奢侈品。有时候，一件东西是资产还是负债，只在一念之间。比如买一间房子，空置在那里，每个月由我们自己还贷款，支付物业费，那它就是负债；如果把它出租出去，创造房租收入，刨除房贷，还能有一部分钱流进我们的口袋，那么这间房子就是资产。

再如，我们买一辆车子，如果只是用它来上下班，那它就是负债，但是如果我们能够和打车软件合作，在上下班期间让它变成专车，搭载那些顺路的乘客以收取交通费用，这样不但抵消了油钱，还会有盈余，负债也就变成了资产。

其实在学习投资之前，一定要先学习财商，只有拥有了财商，才能积累第一桶金，才能更好地投资。我是先学习的投资，后来学习的财商，其实这样，对于积累财富是不利的，很多人是先创业有了钱，然后开始投资，而如果没有思维指导，很难更好地投资。所以先学习财商，然后再开始投资，更容易实现财务自由。

通常意义上来说，在努力实现财务自由的过程中，必须对是否已经实现了财务自由有一个科学而明确的衡量标准，近年来，通过对财务自由的深入研究，我将判断一个人是否已经实现财务自由的标准列为以下三条：

第一，不必为了钱而持续工作。

倘若你能在3~5年内不工作也可以不降低生活质量，那么你已经实现了财务自由。

第二，保持财产性收入的现金流入。

既然资产是保证我们实现财务自由的重要基础和必由之路，那么财产性收入的持续流入便意味着我们能够拥有越来越多的被动收入，而能够拥有充足的资金实现这一点，从某种意义上说，也意味着财务自由离我们越来越近。

第三，财务自由=自住房+其他100万元人民币的净资产（三线城市）。

这一定量标准是实现财务自由的基本底线，自住房通常是非卖品，它虽然不能够创造收益，却是家人身心安定的一个条件。所以，能否拥有自住房也是衡量是否已经实现财务自由的标准之一。而100万元人民币的净资产，则是对三线城市的社会实情研究后得出的数字。

在追求财富的过程中，不妨牢记以上三点，感觉自己即将达到财务自由时，便用以上三条标准来判断自己是否已经实现财务自由。

13.4 资产配置的原理

学习一定是一个从简单到复杂的过程，作为新手，最重要的是从最简单的开始学习。基金投资的5个层级如下：

1. 理财新手

建议使用货币基金、逆回购、短期理财产品替代自己银行账户中的活期和定期存款，用这些品种替代银行活期存款和定期存款，收益会远远超过银行存款利息，并且风险低，而购买这些产品的平台在书中已有论述，那就是微信理财通和支付宝蚂蚁财富。

虽然在这个层级很难获得高收益，收益率徘徊在5%左右，但是按照这种方式理财已超越只会将钱存入银行的大多数人，以及在股票市场上追涨杀跌的60%以上的股民。

2. 稳健投资者

当投资者心态逐渐成熟，在追求账户长期稳定收益的投资时，可以选择企业债券、新股申购、大盘蓝筹等比较稳定的产品来提高收益率，这类投资者不能承受巨大的波动，需要在稳健的基础上提高收益，但是他们也不需要良好的投资技巧，只需拥有良好的心态，以求能够获得市场的平均收益，并且能够分享上市公司的盈利。

3. 业余投资者

也就是有自己的主业，但是在市场里已经"浸泡"很久的投资者。随着投资水平的不断提升，他们能够对债券、股票、期权等投资品种进行合理估值和安全边际分析，可以选择债券的互换套利及趋势操作，也可以选择风险偏好较高的封闭式基金及可转债，取得较高的收益率。他们预期能够实现10%~20%的收益率，他们的收益率实际上已经能够超越市场的平均水平，他们已经能够通过市场上的期限错配进行赚钱，同时也能看出高估的品种，进行卖出。从大的周期看，大型基金的收益率也就达到这个层级，往上走难度很大。

4. 专业投资者

专业人士的厉害之处在于专业，因为他们每天都在操练，所以他们非常专业，而投资其实也是专业的人做专业的事，只不过很多人产生了幻觉。随着投资者的能力不断提升，能够对债券、股票、期权进行合理估值和安全边际分析，就可选择投资于中小盘股的基金以及封闭式基金、期权等品种，配上仓位管理和动态再平衡，预期年收益率能达到20%~30%。他们的收益已超过市场平均水平，只要有足够长的坡和足够湿的雪，他们就能够把雪球迅速滚大。

5. 顶尖投资者

顶尖投资者资金量很大，而且有自己独特的赚钱模型，并且已经过了几轮牛熊的洗礼，能够承受市场巨大的波动，并把这种波动作为赚钱的工具，他们对于自己能力圈的坚守，对于安全边际的把握，不是一般的专业投资者能够达到的。